财政部规划教材
全国财政职业教育教学指导委员会推荐教材
全国高职高专院校财经类教材

沙盘模拟企业经营实战

叶剑明　主　编

中国财经出版传媒集团
中国财政经济出版社

图书在版编目（CIP）数据

沙盘模拟企业经营实战／叶剑明主编．—北京：中国财政经济出版社，2018.7

财政部规划教材　全国财政职业教育教学指导委员会推荐教材　全国高职高专院校财经类教材

ISBN 978－7－5095－8347－0

Ⅰ.①沙…　Ⅱ.①叶…　Ⅲ.①企业管理－计算机管理系统－高等职业教育－教材　Ⅳ.①F270.7

中国版本图书馆 CIP 数据核字（2018）第 129652 号

责任编辑：钱红叶　　　　责任校对：张　凡

封面设计：孙俪铭

中国财政经济出版社 出版

URL：http：//www.cfeph.cn

E－mail：cfeph@cfeph.cn

社址：北京市海淀区阜成路甲 28 号　邮政编码：100142

营销中心电话：010－88191537　北京财经书店电话：64033436　84041336

三河市宏图印务有限公司印刷　各地新华书店经销

787×1092 毫米　16 开　10.25 印张　246 000 字

2018 年 8 月第 1 版　2021 年 1 月河北第 3 次印刷

定价：25.00 元

ISBN 978－7－5095－8347－0

（图书出现印装问题，本社负责调换）

本社质量投诉电话：010－88190744

打击盗版举报热线：010－88191661　QQ：2242791300

编写说明

本书系财政部规划教材、全国财政职业教育教学指导委员会推荐教材，由财政部教材编审委员会组织编写并审定，作为全国高职高专院校财经类教材使用。

沙盘模拟企业经营是根据现代企业经营理念设计的一门角色体验课程，它将制造企业的主要部门和工作对象制作成模拟的实物模型，将企业运行过程设计为运作规则，训练者组成若干模拟公司，通过模拟企业运作，让训练者体验沙盘模拟实战的乐趣，体会市场竞争的残酷、战略计划的精妙、运作过程的细腻，理解和领悟企业经营管理过程，透视企业经营理念，感悟企业经营管理真谛。在面对面的交流中，达成团队为共同愿景而努力的共识，锻炼和增强团队合作意识，认知团队合作的价值。沙盘模拟企业经营这种训练方式从推广以来就受到了教师和学生的普遍欢迎，从而越来越多的学校将管理沙盘模拟作为培养学生的重要工具。

2006 年，我院引进了用友沙盘模拟课程，将沙盘模拟带进了课堂，走入了老师和学生的心中，得到了大家的喜爱和推崇。自 2006 年以来，我院每年组队参加全国及四川省各类大学生沙盘模拟企业经营大赛，取得了优异成绩，参赛学生的综合素质和能力显著提升。由于该课程形象生动，参与性强，得到了学生的热爱，学院已将该课程纳入经管类专业必修课程。结合多年指导学生参加大学生沙盘模拟经营大赛的经验和实践教学的需要，我们对课程内容进行了整理，编写了本书。本书理论联系实际，过程与实践结合，教学与竞赛贯通，既可以作为各类院校沙盘模拟企业经营课程的教材、参考书，也可作为比赛的工具书、指导书，还可作为各类社会培训的辅导资料。

全书共分七章，第 1 章概括介绍沙盘模拟企业经营的基本知识，帮助读者了解企业经营管理沙盘的构成和设计理念。第 2 章到第 5 章，按照企业经营和授课的逻辑关系，结合用友模拟企业经营沙盘，介绍了沙盘模拟的经营环境、团队组建、运行规则和操作规范，解决如何进行沙盘模拟经营的问题。第 6 章和第 7 章是作者根据多年指导学生参加全国大学生沙盘模拟大赛的经验写成的实战策略和经典战例，具有很强的实用性，可供实际竞赛参与者参考。

本书由叶剑明主编。第 1 章由王晶晶编写，第 2 章由管慧芳编写，第 3 章由田云编写，第 4 章由马彩云编写，第 5 章由刘静编写，第 6 章由叶剑明、党爱、陈娟编写，第 7 章由马红莉、陈世千编写，最后由叶剑明对全书进行总纂定稿。本书在编写过程中，得到了新道科技股份有限公司的鼎力支持，在此深表谢意。

沙盘模拟企业经营是管理实践教学的巨大进步，作者希望通过本书与广大教师和读者一起分享沙盘模拟教学和竞赛的体会，为中国管理实践教学尽绵薄之力。因时间仓促，书中难免有疏漏之处，望读者批评指正。

编者

2018 年 6 月于成都

目　录

第 1 章

概　　述

企业管理是一门极其复杂、深奥的学问，然而用沙盘来模拟企业的经营管理能把复杂的内容变得直观、形象。沙盘模拟具有互动性、趣味性、竞争性的特点，能够最大限度地调动学生的学习兴趣，使学生在学习中“寓教于乐”，并能够在游戏中感悟出企业经营的管理思路和方法。那究竟什么是企业管理沙盘？沙盘模拟企业经营课程又是如何设计的呢？

本章重点

- 企业管理沙盘
- 沙盘模拟教学设计

1.1　走进沙盘模拟

提到“沙盘”，很容易使人联想到战争年代的军事作战指挥沙盘或房地产开发商销售楼盘时的小区规划布局沙盘。它们都清晰地模拟了真实的地形地貌，不必让其所为之服务的对象亲临现场，也能对所关注的位置了然于胸，从而运筹帷幄，制定决策。然而，沙盘的运用并不仅仅限于此，现代沙盘有更多、更广泛的用途。

1.1.1　初识沙盘

沙盘英文名 sandbox，也叫沙箱，顾名思义可以看作是一种容器，里面所做的一切都可以推倒重来。沙盘的最早出现是在秦国部署灭六国时，秦始皇亲自堆制沙盘研究各国地理形势，在李斯的辅佐下，派大将王翦进行统一战争。后来，秦始皇在修建陵墓时，堆塑了一个大型的地形模型。模型中不仅砌有高山、丘陵、城池等，而且还用水银模拟江河、大海，用机械装置使水银流动循环，可以说，这是最早的沙盘雏形，至今已有 2200 多年的历史。另外，《后汉书 · 马援传》中记载：汉建武八年（公元 32 年），光武帝征伐天水、武都一带地方的豪强时，大将马援“聚米为山谷，指画形势”，使光武帝顿有“虏在吾目中矣”的感觉。

可见，沙盘最初的出现主要是应用在军事战争方面。利用沙盘模型，指挥作战的将领无须亲临现场，也能直观地了解整个战场的全貌，对战局了然于胸，从而迅速制订出有效的作战计划。第一次世界大战以后，沙盘得到了更加广泛的应用。我们时常在一些军事题材的影视作品中，看到指挥员们站在一个地形模型前研究作战方案。这种根据地形图、航空相片或实地地形，按一定的比例关系，用泥沙、兵棋和其他材料堆制的模型就是沙盘。沙盘具有立体感强、形象直观、制作简便、经济实用等特点。

现代社会，沙盘也被广泛地应用于心理治疗和检测以及房地产销售等方面。在心理医生的指导下，被治疗者或被检测者随自己的意愿设置沙盘内的情景，由心理医生根据患者摆放的情节或形态来判断其心理方面是否存在问题。另外，在众多房地产开放商的售楼中心，我们都可以看到用沙盘来模拟的小区规划图或样板房户型图等，这些沙盘模型可便于购房者对小区、住房的规划有更深入的了解。

1.1.2 企业经营沙盘模拟

企业经营管理是一门极其复杂、深奥的学问。企业的经营管理就像是行驶在崎岖道路上脱缰的马车，难以控制和驾驭，没有固定的模板和套路。只有经历过失败，才能领会企业经营管理的精髓，不断增长经验，逐步探索出成功的奥秘。影响企业管理成败的因素有很多，有生产方面的因素，如企业产品结构、生产规模及生产技术特点；有营销方面的因素，如市场规划与开拓、广告投放与获益等；有财务方面的因素，如财务预算的准确性、现金流的管理等；还有诸如团队协作、管理人员水平等多方面的因素。因此在实际企业管理教学中，常常将企业管理分割为管理学基础、营销管理、生产管理、财务管理、信息管理等几个部分授课，内容出现重复，并且很难将这些部分有机结合为一个整体，系统地进行讲授。

随着沙盘模拟在军事、战争方面的应用，英、美知名商学院和管理咨询机构很快意识到这种方法同样适合企业对中、高层经理的培养和锻炼，随即对军事沙盘模拟推演进行广泛的借鉴与研究，最终开发出了企业经营沙盘实战模拟培训这一新型的沙盘应用模式。

企业经营沙盘模拟是在一种仿真、直观的模拟市场环境中，培训学生如何综合运用各种管理知识和技能，发挥团队的协作精神，领导企业和部门在与众多竞争对手的激烈角逐中，获取最大的经济效益和市场份额。通过沙盘模拟，引领学生进入一个模拟的竞争性行业，将学生按每 4 ~6 人一组，分组建立若干模拟公司，围绕形象直观的沙盘教具，实战演练模拟企业的经营管理与市场竞争。通过该演练过程，学生将逐步认识企业的使命，理解企业的供应、生产、销售过程，掌握物流、资金流、信息流的运行规律，深刻理解企业各职能部门的职责、业务内容以及各部门的协调和制约关系，并且在经历模拟企业 5 ~6 年的荣辱成败过程中不断提高战略管理能力，感悟经营决策真谛。每一年度经营结束后，学生们通过对“公司”当年业绩的盘点与总结，反思决策成败，解析战略得失，梳理管理思路，暴露自身误区，并通过多次调整与改进的练习，切实提高综合管理素质。沙盘模拟特有的互动性、趣味性、竞争性特点，能够最大限度地调动学生的学习兴趣，使学生在学习中“寓教于乐”，处于高度的兴奋状态。充分运用听、说、学、做等一系列学习手段，开启一切可以调动的感官功能，对所学内容形成深度记忆，并能够将学到的管理思路和方法在实际工作中很快实践与运用。在沙盘模拟培训中学员得到的不再是空洞乏味的概念、理论，而是极其宝贵的实践经验和深层次的领会与感悟。同时，学生通过举一反三将所学、所感融会贯通到经营管理中去，使其毕业后能迅速适应企业管理的需要，为承担管理类的工作打下坚实的基础。

1.1.3 沙盘模拟在国内外的推广情况

企业经营管理模拟是一种理解和领悟企业经营管理过程的方法，从20世纪50年代开始，国外就有一种很受欢迎的教学方式，这种方式可以让学员在模拟的竞争环境中亲身实践，体验企业经营管理过程，极大地激发了学员的兴趣。Motorola、IBM等公司经常采用这种新颖的培训方式。每次培训首先由两位专家讲授理论，涉及企业管理的主要内容，如市场营销、财务管理、信息技术、人力资源管理、战略管理。培训后期，则把学员分成若干组，利用计算机进行企业竞争模拟。沙盘模拟演练逐渐发展为欧、美工商管理硕士的核心课程之一。欧、美、日等发达国家的众多大中型企业也将其作为中高层的常设必修课程。

20世纪80年代初，这种方法在我国管理教学中开始采用。1996年的国际企业管理挑战赛在中国大陆赛区的比赛吸引了96个队参加，包含了大多数提供MBA学位教育的国内著名的管理学院。比赛从美国、加拿大、德国、日本等国家引进一些模拟软件，然而，英文界面的企业竞争模拟软件在中国应用有很大的局限性。中文界面的企业竞争模拟软件最早是由北京大学从1995年开始研发的，后来几经改进，在2003年全国MBA培养院校企业竞争模拟比赛中使用了此软件，有112个队报名参赛。但是计算机模拟也有一些局限性，多数情况下是人机对话，软件按照输入的经营指标计算出各公司的经营业绩并进行排序，互动性不强，不便教师及时点评，仍有“机上谈兵”的味道。为弥补计算机模拟空洞、过于抽象的特点，随后开发了一系列使用道具的企业经营管理模拟工具，即物理沙盘。国内如用友ERP模拟沙盘、金蝶模拟沙盘、ITMC模拟沙盘等，进一步完备了企业经营管理模拟，给企业经营管理模拟带来了真实的感受。目前，沙盘模拟培训已风靡全球，成为世界500强企业中高层管理人员经营管理能力培训的首选课程。北大、清华、浙大、人大、上海交大等18所高等院校相继将系列沙盘模拟培训课程纳入其MBA、EMBA及中高层经理在职培训的教学之中。众多本科院校、高职院校也陆续引进沙盘模拟课程以供管理课程教学所用。各软件开发公司也为沙盘模拟的应用和推广做着自己的努力，从2005年以来，用友软件、新道科技、中教畅享等公司连续举办了多届沙盘模拟企业经营对抗赛，2015年，沙盘模拟企业经营赛项纳入教育部主办的全国职业院校技能大赛中职组比赛项目，参与的学生越来越多，比赛的规模也越来越大，沙盘模拟企业经营赛项已经成为国内具有较大影响力的比赛项目。

1.2 沙盘模拟教学设计

沙盘作为企业经营管理工程的道具，需要形象、系统地体现企业经营管理的流程和组织体系。下面结合用友公司开发的物理沙盘对企业经营管理沙盘模拟的教具进行介绍。

1.2.1 沙盘模拟教具（物理沙盘）

沙盘模拟教学以一套沙盘教具为载体。沙盘教具主要包括：沙盘盘面数张，代表多个互相竞争的模拟企业。学生按每4~6人一组分组，每组负责经营一个模拟企业。

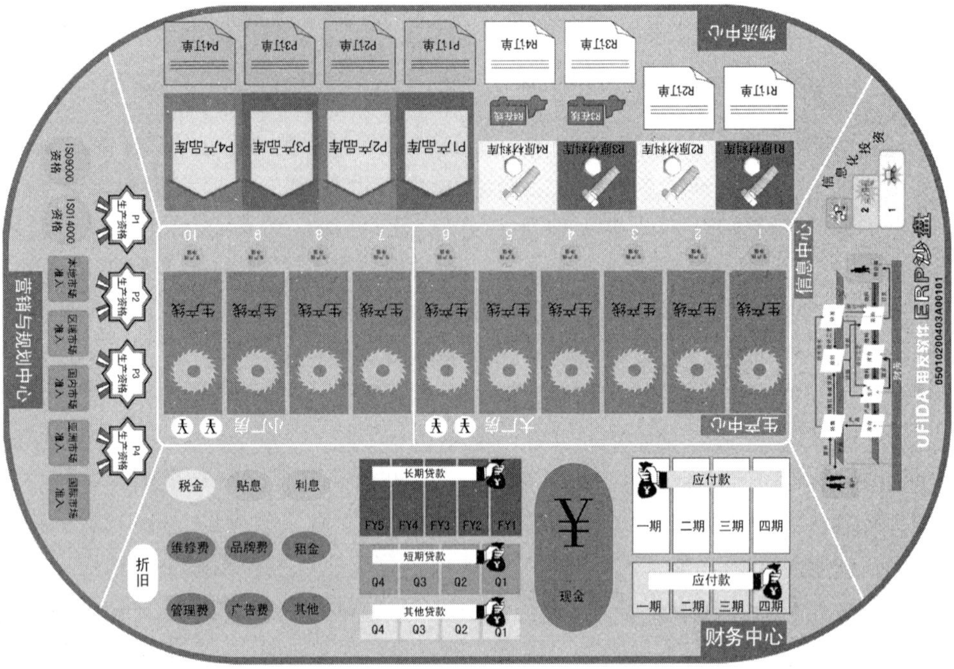

沙盘盘面按照制造企业的职能部门划分了四个职能中心，分别是生产中心、物流中心、财务中心和营销与规划中心。各职能中心覆盖了企业运营的所有关键环节：生产组织、采购管理、库存管理、财务管理、战略规划和市场营销等，是一个制造企业的缩影。

四大职能中心功能各不相同却又相互关联。下面将各职能中心功能说明如表 1－1 所示。

表 1－1　　职能中心功能表

职能中心	企业运营关键环节	主要职能	简要说明	备注
生产中心	生产组织	厂房两种	沙盘盘面上设计了大厂房和小厂房，大厂房内可以建 6 条生产线；小厂房内可以建 4 条生产线	已购置的厂房由厂房右上角摆放的价值表示
		生产线标识	共有手工生产线、半自动生产线、全自动生产线、柔性生产线，不同生产线生产效率及灵活性不同	表示企业已购置的设备，设备净值在“生产线净值”处显示
		产品标识	四种：P1 产品、P2 产品、P3 产品、P4 产品	表示企业正在生产的产品
物流中心	采购管理 库存管理	采购提前期	R1、R2 原料的采购提前期为一个季度；R3、R4 原料的采购提前期为两个季度	
		原材料库	分别用于存放 R1、R2、R3、R4 原料，每个价值 1M（百万）	
		原料订单	代表与供应商签订的订货合同，用放在原料订单处的空桶数量表示	
		成品库	分别用来存放 P1 产品、P2 产品、P3 产品、P4 产品	

续表

职能中心	企业运营关键环节	主要职能	简要说明	备注
财务中心	会计核算 财务管理	现金库	用来存放现金，现金用灰币表示，每个价值 1M	
		银行贷款	用放置在相应位置上的空桶表示，每桶表示 20M	长期贷款按年；短期贷款按季度
		应收/付账款	用放置在相应位置上的装有现金的桶表示	应收账款和应付账款都是分账期的
		综合费用	将发生的各项费用置于相应区域	
营销与 规划中心	战略规划 市场营销	市场开拓规划	确定企业需要开发哪些市场，可供选择的有区域市场、国内市场、亚洲市场和国际市场	市场开拓完成换取相应的市场准入证
		产品研发规划	确定企业需要研发哪些产品，可供选择的有 P2 产品、P3 产品和 P4 产品	产品研发完成换取相应的产品生产资格证
		ISO 认证规划	确定企业需要争取获得哪些国际认证，包括 ISO9000 质量认证和 ISO14000 环境认证	ISO 认证完成换取相应的 ISO 资格证

根据职能中心的不同功能，可以配备相应的角色——总裁（CEO）、生产总监、采购总监、财务总监和营销总监以执行各部门职责。

1.2.2 教学设计

沙盘模拟课程的背景基础设定为一家已经经营若干年的生产型企业。课程将把学生分成多组，每组 4～6 人。每个小组的成员分别担任模拟公司中的重要职位，如上所述 CEO、生产总监、采购总监、财务总监和营销总监等。小组之间为同行业的竞争对手。他们从先前的管理团队中接手企业，在面对来自其他企业的激烈竞争中，将企业继续做大、做强。投资新产品的研发、开拓本地市场外的其他新市场、扩大生产规模、提高公司业绩，这些都是每个企业要努力实现的目标。因此，学生必须根据获得的已知信息对企业的外部环境做仔细、全面的分析、研究，预测消费者的需求状况和价格走势，判断竞争对手的行为动向，再根据本企业自己的发展战略，逐步制定企业的市场决策、产品决策、营销决策、生产管理决策、财务决策等内容。

由于四大职能中心各自的职责不同，相应的沙盘盘面设计及教学道具也各异，现针对不同的职能中心加以详细说明。

◆ 生产中心

生产中心包括厂房、生产线和产品（见图 1－1）。

厂房是制造企业的主要固定资产，是生产设备的设置场所，也是产品的唯一制造场地。用友 ERP 沙盘设置了大厂房、小厂房各一个，分别可以容纳 6 条和 4 条生产线。厂房可以在运行中购买或租赁。

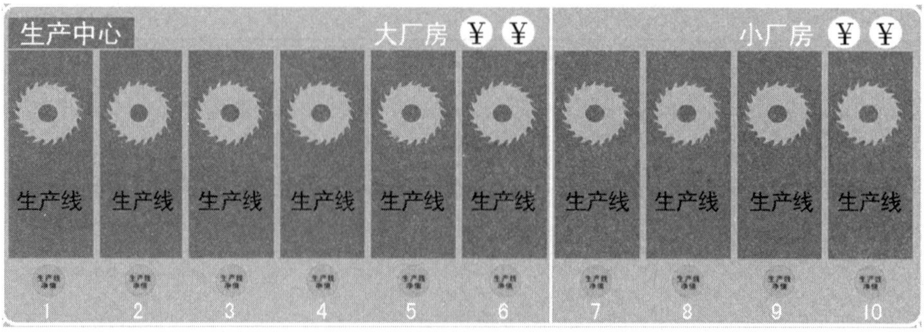

图 1－1　生产中心

生产线是制造具体产品的生产设备。沙盘考虑到不同的生产设备投资、生产能力，以及规模经济点和生产线转产时间的不同，设计了四种类型的生产线：手工生产线、半自动生产线、全自动生产线和柔性生产线（见图 1－2）。

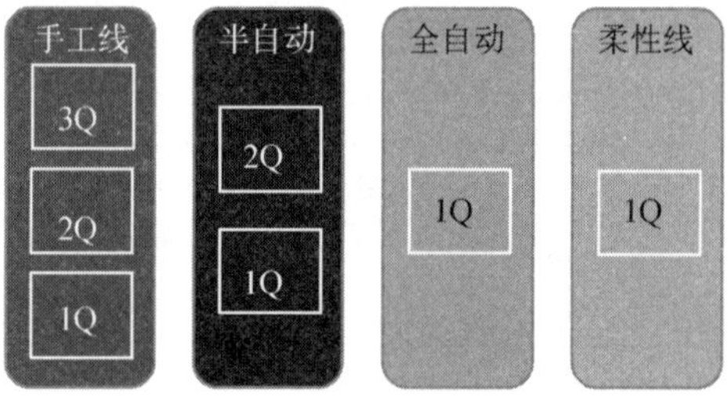

图 1－2　生产线

各种生产线的投资大小、建造时间、生产周期、产能、转产时间以及折旧、残值都是不同的。同时，生产线的建造需要在生产厂房的容量内，也就是厂房有空位置容纳生产线。

产品由不同的原材料制造而成，由于产品的结构复杂性不同，加工产品的人工费用也不同，当然产品的功能和售价也不同。用友 ERP 沙盘设计了四种产品：P1、P2、P3、P4。这四种产品的原材料分别为 R1、R2、R3 和 R4，产品组成结构如图 1－3 所示。

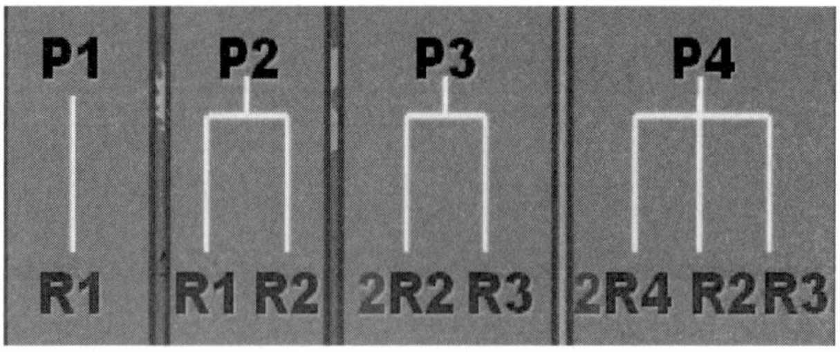

图 1－3　产品组成结构

◆ 物流中心

物流中心主要模拟企业的物流采购储存过程。用友 ERP 沙盘设计的物流中心如图 1－4 所示。

包括产品 P1、P2、P3、P4 的原料订单、在途原料、原料仓库、产成品库、产成品需求订单。产品原材料需要预先订购，并且可能存在运输时间，形成在途原料。

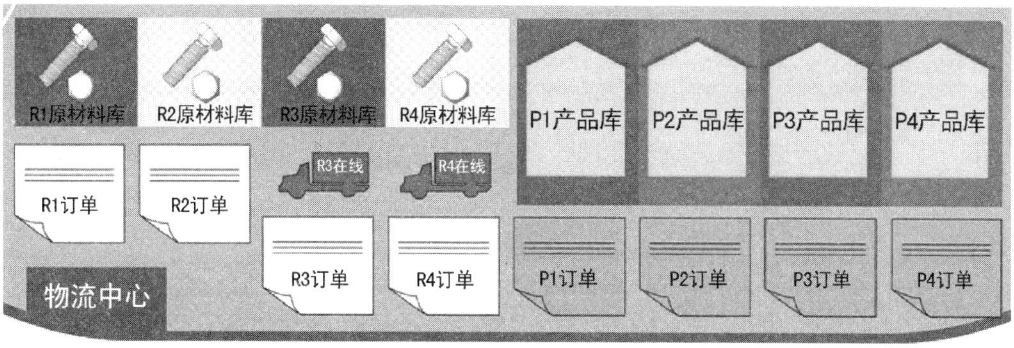

图 1－4 物流中心

◆ 财务中心

如图 1－5 所示，财务中心包括贷款、应收款和现金三部分，模拟企业资金运转过程，包括资金筹措、资金运用和资金核算。

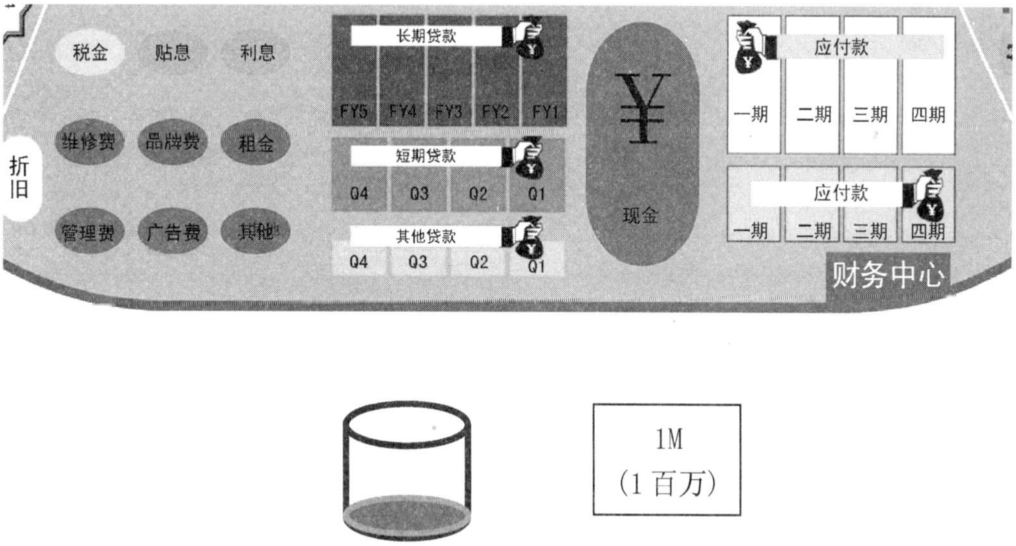

图 1－5 财务中心

资金使用钱币表示，1 个钱币表示 1M（1 百万元）的资金。钱币所在的位置表示资金需要运转的周期。

◆ 营销与规划中心

营销与规划中心主要完成市场营销和产品开发运作过程模拟。四种产品都需要投入资金和时间进行研究开发，开发完成，取得该产品的生产资格，才能用于生产。开发每个产品的时间和资金投入都是不一样的（见图 1－6）。

如图 1－6 所示，用友 ERP 沙盘将市场划分为本地、区域、国内和国际市场。产品在某个市场销售以前都需要进行市场开发推广，表现为资金和时间的投入。

为了真实地体现企业在实际生活中需要加强对质量的管理和环境的保护，用友 ERP 沙盘设计了 ISO9000 质量认证和 ISO14000 环境认证资格，分别代表企业在质量和环保方面的

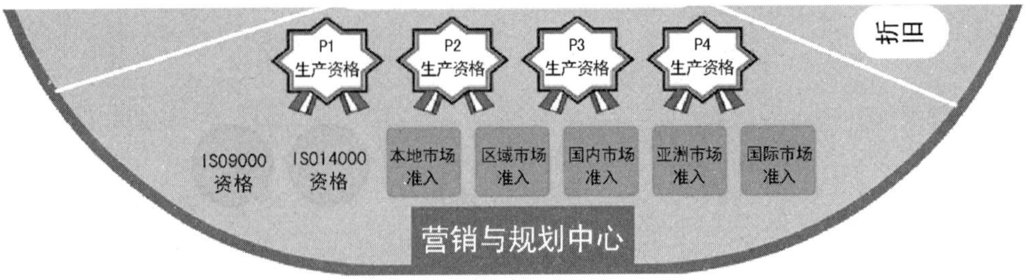

图 1－6

资质、能力，要获得这两项认证，同样需要企业资金和时间的投入。

本章小结

本章概括介绍了沙盘的基本知识，帮助读者了解企业管理沙盘的构成及设计理念。从而为后续的沙盘经营规则的熟悉、沙盘的模拟经营打下牢固的基础。

第 2 章

认识你的企业

在进行模拟实战之前，我们需要了解即将经营的企业是一个什么样的企业，企业所属的行业及企业内外部的环境。

本章重点

- ◆ 认识企业现状与股东期望
- ◆ 了解企业的财务状况
- ◆ 熟悉模拟企业的初始盘面

2.1　公司发展现状与股东期望

对企业经营者来说，接手一个企业时，需要对企业有一个基本的了解，包括股东期望、企业目前的财务状况、市场占有率、产品、生产设施、盈利能力等，才能在市场上找到更适合自己的位置。

2.1.1　公司发展现状

我们这里模拟的是一个生产制造企业，创建已有三年。该企业长期以来一直专注于某行业 P 产品的生产与经营，P 系列产品包括：P1、P2、P3 和 P4。目前，生产的 P1 产品在本地市场知名度很高，客户也很满意。同时企业拥有自己的大厂房，生产设备齐备，状态良好。因此，所有生产设备全部生产 P1 产品，并且一直在本地市场进行销售。

2.1.2　股东期望

随着生产的运行，企业的缺点也暴露出来：生产设备陈旧；产品、市场单一；企业管理层长期以来墨守成规地经营，导致企业已缺乏发展的活力，目前虽然尚未衰退，但也是裹足不前，发展处于停滞状态。

同时，不久前，一家权威机构对该行业的发展前景进行了预测，认为 P 产品将会从目前的相对低技术水平发展为一个高技术产品。

正是由于上述的各种原因，为了适应公司发展和技术发展的需要，公司董事会及全体股东决定将企业交给一批优秀的新的管理者进行发展经营（即模拟实战经营者），股东希望新的管理层能够把握时机，抓住机遇，做到以下几个方面：

（1）投资新产品的开发，使公司的市场地位得到进一步提升。

（2）开发本地市场以外的其他新市场，进一步拓展市场领域。

（3）扩大生产规模，采用现代化生产手段，努力提高生产效率。

（4）研究在信息时代如何借助先进的管理工具提高企业管理水平。

（5）增强企业凝聚力，形成鲜明的企业文化。

（6）加强团队建设，提高组织效率。

股东希望新的管理层能够带领企业进入一个快速发展的阶段，给企业注入新的活力，获得更好的发展前景。

2.2 企业财务状况

所谓财务状况，是指企业的资产、负债和所有者权益构成情况及其相互关系。企业财务状况由企业对外提供的主要财务报告——资产负债表来表述。资产负债表是根据资产、负债和所有者之间的相互关系，即“资产 = 负债 + 所有者权益”的恒等关系，按照一定的分类标准和一定的次序，把企业特定日期的资产、负债、所有者权益三项会计要素所属项目予以适当排列，并对日常会计工作中形成的会计数据进行加工、整理后编制而成的，其主要目的是为了反映企业在某一特定日期的财务状况。通过资产负债表，可以了解企业所掌握的经济资源及其分布情况；了解企业的资本结构；分析、评价、预测企业的短期、长期偿债能力；正确评估企业的经营业绩。

在沙盘模拟中，根据所涉及的经济业务，本书对资产负债表中的项目进行了适当的简化操作，第 0 年（即初始年）的资产负债表如表 2 – 1 所示：

表 2 – 1　　资产负债表　　单位：百万元

资产	期末数	负债和所有者权益	期末数
流动资产：		负债：	
库存现金	20	长期负债	40
应收账款	15	短期负债	
在产品	8	应付账款	
成品	6	应交税费	1
原料	3	一年内到期的长期负债	
流动资产合计	52	负债合计	41
固定资产：		所有者权益：	
土地和建筑	40	股东资本	50
机器和设备	13	利润留存	11

续表

资产	期末数	负债和所有者权益	期末数
在建工程		年度净利	3
固定资产合计	53	所有者权益合计	64
资产总计	105	负债和所有者权益合计	105

而企业在一定期间的经营成果是通过利润表来体现的，利润表是企业经营效益的综合体现，是反映收入与费用相抵后确定的企业经营成果的会计报表。因此，利润表主要反映的是收入和费用。

在沙盘模拟中，根据企业涉及的经济业务，对利润表也进行了适当的简化，所以，第 0 年（即初始年）的利润表如表 2－2 所示。

表 2－2　　**利润表**　　单位：百万元

项目	本年数
销售收入	35
直接成本	12
毛利	23
综合费用	11
折旧前利润	12
折旧	4
支付利息前利润	8
财务收入/支出	4
其他收入/支出	
税前利润	4
所得税	1
净利润	3

2.3　初始状态设定

从资产负债表和利润表两份主要财务报告中虽然可以了解企业的财务状况和经营成果，但是不能得到更为细节的内容。沙盘模拟企业经营不是从创建企业开始，而是接手一个已经运营了三年的企业。虽然已经从基本情况描述中获得了企业运营的基本信息，但还需要把这些枯燥的数字活生生地再现到沙盘盘面上，为下一步的企业运营做好铺垫。

通过初始状态设定，可以使学生更加深刻地感觉到财务数据与企业业务的直接相关性，理解到财务数据是对企业运营情况的一种总结提炼，为今后“透过财务看经营”做好观念上的准备。

下面我们按照步骤来设置我们企业的初始状态。首先我们要先来了解一下初始设置中需要的必备要素：

（1）生产原材料。模拟企业所需的生产原材料，由供应商提供（即总核算台），原材料分别为：R1、R2、R3、R4四种，以不同的颜色加以区分（红色，橙色，绿色，蓝色），每一单位原材料代表100万价值。

（2）资金。资金由灰色钱币代替，每一个灰币代表100万元，以M为计量单位。

从资产负债表上可以看出，模拟企业的总资产为1.05亿元，即拥有105M灰币（本书都以模拟货币为单位），下面就按照资产负债表上个项目的排列顺序，将企业资源分布状况复原到沙盘上，复原的过程中各个角色各司其职，熟悉本岗位工作。

2.3.1 流动资产（共52M）

流动资产是企业将在一年或一个营业周期内变现或者耗用的资产，主要包括：货币资金、应收账款、存货等，其中存货又细分为原材料、在产品和成品。

（1）现金。沙盘上有现金一桶，共计20M。

（2）应收账款。为了获得更多的客户，企业一般采用赊销策略，允许客户在一定期限内缴清货款。应收账款是分账期的，1账期到4账期，账期的单位为季度，离现金库最近的为1账期，最远的为4账期。

初始状态的沙盘上有应收账款15M，账期为3账期。

（3）在产品。在产品是指处于加工过程中，尚未完成入库的产品。大厂房中有三条手工生产线、一条半自动生产线，每条生产线上各有一个P1产品。手工生产线有三个生产周期，靠近原材料库的为第一周期，三条手工生产线上的三个P1分别位于1、2、3周期。半自动生产线有两个生产周期，P1在产品位于第1周期。

每个P1产品成本由两个部分构成：1个R1原材料和人工费1M。取一个空桶放入一个R1原材料（红色彩币）和一个人工费（灰币）构成一个P1产品，每个产品价值2M，共8M。

（4）产成品。P1成品库中已有3个成品，每个成品的构成与在产品相同，每个产品价值2M，共6M。

（5）原材料。R1原材料库中已有3个原材料（红色彩币），每个价值1M，共计3M。

2.3.2 固定资产（共53M）

固定资产包括：厂房、建筑物、机器设备和运输设备等。

（1）大厂房。模拟企业拥有一个大厂房，价值40M。

（2）机器与设备。模拟企业拥有三条手工生产线、一条半自动生产线，扣除折旧，目前手工生产线每条原值5M，净值3M；半自动生产线每条原值8M，净值4M，因此机器与设备价值共计13M。

2.3.3 负债（共41M）

企业负债可以分为流动负债长期负债以及各项应付款项。

（1）长期负债。目前，企业经营盘面上，有四年到期的长期负债20M，五年到期的长期负债20M，放置2个空桶来表示，因此企业的长期负债共计40M。

对长期借款来说，沙盘上的纵列代表年度，离现金库最近的为第1年，依此类推。

（2）短期负债。目前企业没有短期负债。需要说明的是，沙盘盘面上短期借款的纵列代表季度，离现金库最近的为第 1 季度。

（3）应付税金。企业上一年税前利润 4M，按规定需交纳 1M 税金。税金是在下一年度初交纳，此时只是计提税金。

2.3.3　所有者权益（共 64M）

所有者权益时企业的净资产。在模拟企业中企业的所有者权益可从上述资产负债表和利润表中得到，如下：

（1）股东资本为 50M。

（2）企业利润留存为 11M。

（3）年度净利润为 3M。

至此，模拟企业盘面的初始状态设置完成。

本章小结

企业要想在激烈的市场竞争中立于不败之地，必须了解自己的企业和做好未来的规划。企业经营活动不仅仅是做好即可，而是能够纵观全局，看到企业的现在及未来，同时做好企业的财务状况的分析，只有这样才能打有准备之仗，使企业获得更好的发展机会。

第3章

建立你的团队

沙盘模拟企业的成功经营必须依靠公司内部各职能部门的协同配合，以及各成员之间的团结合作，因此一个优秀团队的建立是企业获胜的关键。

本章重点

- 模拟企业组织架构
- 团队组建

3.1 模拟企业组织架构

沙盘作为模拟企业经营管理过程的道具，需要系统和概括性地体现企业的主要业务流程和组织架构。由于组织架构是保证企业正常运转的基本条件，因此任何一个企业都要建立与其企业类型相适应的组织结构。沙盘模拟课程尽管采用了简化企业组织架构的方式，但仍然包括市场（销售）部、采购部、生产制造、财务部等最基本和最重要的部门（见图3－1）。

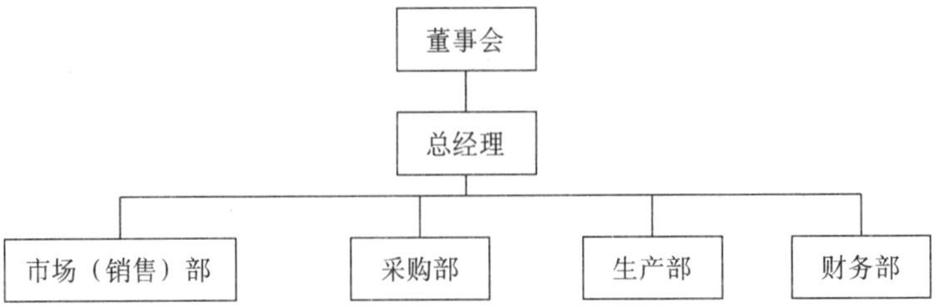

图3－1 沙盘模拟企业组织架构

以用友ERP沙盘为例，它设计了营销与规划中心、财务中心、生产中心、物流中心以及信息中心。

3.1.1　营销与规划中心

营销与规划中心主要完成市场营销和产品开发运作过程模拟。企业的利润是由销售收入带来的，销售的实现关系到企业的生死存亡。而销售订单的取得依赖于市场营销的力度。市场营销包括的主要职能有：

一是产品开发。负责公司新产品的发展战略，即根据市场的需要，决定未来几年企业向市场提供什么有价值的新产品，其工作重点是发现创新的源泉，完成新产品的需求定义。

二是市场开发。负责现有产品的定位和市场推广战略，包括产品定位和价格策略，要能明确自身产品的比较优势。

三是市场宣传。负责新老产品的具体宣传活动，如广告、促销活动等，从而树立品牌号召力，激发市场需求。

四是销售支持。包括产品培训、竞争分析、销售技巧、销售工具等。

而产品销售则主要是完成销售订单的处理、产品发货，货款的收回，以及保持并发展与客户的联系。

3.1.2　物流中心

物流中心主要模拟企业的物流采购储存过程。采购既是企业运作的重要环节，又承担了获取企业资源的责任，保证企业连续生产运作，其具体的职能包括：

一是负责采购物料，以满足生产任务的需要。遵循“同等条件看质量，同等质量看价格，同等价格看信誉，同等信誉看远近”的比价原则，适时、适量、适质、适价、适地提供企业所需要的物料。

二是负责采购物资的验收入库、储存、防护和交付投产。

三是要与合格供应商建立长期协作关系，确保采购产品质量受控。

3.1.3　生产中心

生产中心包括厂房、生产线和产品。厂房是制造企业的主要建筑物，是生产设备（生产线）的设置场所，也是产品的制造场所。生产制造是企业价值创造的主要承担者，承担企业产品形成的功能。现代企业的生产要求及时、快速地生产出市场需要的产品，而且成本要求越来越低，质量要求越来越高，生产管理方法也需要不断创新。生产部门的职能有：

一是生产计划管理。根据市场的订单需要制订企业的产品生产计划，做好生产进度安排和生产能力的平衡调度，保证按时提供市场需要数量的产品。

二是负责质量控制和管理，保证企业产品的质量。

三是控制生产过程成本要素，最大程度地降低生产成本。

四是做好生产设施的更新改造，保证生产能力能够满足生产的需要。

3.1.4　财务中心

财务中心模拟企业资金运转过程，包括资金筹措、资金运用和资金核算。财务部包括企业财务和会计的职能，是企业资金运转和利用效率的管理者，其主要职能包括：

一是负责资金的筹集、管理，做好现金预算，管好、用好资金。

二是负责企业日常收支和各项费用的记账、核算，特别是生产成本数据的收集、分类整理和计算。

三是负责财务报表和财务分析、经营成果分析。给决策者提供企业经营的经营效果以及问题的相关数据信息，促进企业改善管理方法，提高资源利用效率，达到整个企业经济效益的提高。

3.2 团队组建

沙盘模拟课程把参加训练的学员分成若干组（通常为 6 ~ 12 组），每组 4 ~ 6 人，每组各代表不同的虚拟公司，这些公司将成为同行业中的竞争对手。在本课程中，每个小组的成员将分别担任公司中的重要职位，如 CEO（首席执行官）、CFO（财务总监）、CMO（营销总监）、生产总监和采购总监等。他们从先前的管理团队中接管企业，在面对来自其他企业（其他学员小组）的激烈竞争中，要不断发展壮大自己的模拟企业。

3.2.1 CEO（首席执行官）

总经理负责制订和实施公司总体战略与年度经营计划；建立和健全公司的管理体系与组织结构；主持公司的日常经营管理工作，实现公司经营管理目标和发展目标。

在沙盘模拟课程中，省略了股东会和董事会，企业所有的重要决策均由 CEO 带领团队成员共同决定，如果大家意见相左，由 CEO 拍板决定。做出有利于企业发展的战略决策是 CEO 的最大职责，同时 CEO 还要负责控制企业按流程运营。与此同时，CEO 还要特别关注每个人能否胜任其岗位，尤其是一些重要岗位，如财务总监、营销总监等，如不胜任要及时调整，以免影响整个企业的运营及竞赛。

总之，作为公司的总舵手，CEO 在公司经营一帆风顺的时候能够带领团队冷静思考，而在公司遇到挫折的时候能鼓舞大家继续前进。

3.2.2 CFO（财务总监）

在企业中，财务与会计的职能常常是分离的，他们有着不同的目标和工作内容。会计主要负责日常现金收支管理，定期核查企业的经营状况，核算企业的经营成果，制定预算及对成本数据的分类和分析。财务的职责主要负责资金的筹集、管理，做好现金预算，管好、用好资金。如果说资金是企业的血液，财务部门就是企业的心脏。财务总监要参与企业重大决策方案的讨论，如设备投资、产品研发、市场开拓、ISO 资格认证、购置厂房等。公司进出的任何一笔资金，都要经过财务部门。

在受训者较少时，将上述两大职能归并到财务总监身上，统一负责对企业的资金进行预测、筹集、调度与监控。其主要任务是进行现金预算，编制现金预算表、采用经济有效的方式筹集资金，将资金成本控制到较低水平；管好现金流，按需求支付各项费用、核算成本，做好财务分析；做好日常现金收支记录；编制各种报表。

由于财务总监的任务较为繁重，在受训者人数允许时，建议增设财务总监助理来分担财会职能，如到交易处贷款和还款、办理应收款收现和贴现，协助编制现金预算表。

3.2.3 CMO（营销总监）

营销总监主要负责进行需求分析和销售预测，确定销售部门目标体系；制订销售计划和销售预算；客户管理，确保货款及时回笼；销售业绩分析与评估；开拓市场、实现销售。

在沙盘模拟课程中，营销总监应结合市场预测及客户需求制订销售计划，有选择地进行广告投放，取得与企业生产能力相匹配的客户订单，并与生产部门做好沟通，保证按时交货给客户，监督货款的回收；按时提交产品。

营销总监还可以兼任“商业间谍”的角色，因为他最方便监控竞争对手的情况，比如对手正在开拓哪些市场、未涉足哪些市场，他们在销售上取得了多大的成功，他们拥有哪类生产线、生产能力如何等。充分了解市场，明确竞争对手的动向可以有利于今后的竞争与合作。

3.2.4 生产总监

生产总监是企业生产部门的核心人物，对企业的一切生产活动进行管理，并对企业的一切生产活动及产品负最终的责任。生产总监既是生产计划的制订者和决策者，又是生产过程的监控者，对企业目标的实现负有重大的责任。他的工作是通过计划、组织、指挥和控制等手段实现企业资源的优化配置，创造最大经济效益。

在沙盘模拟课程中，生产总监负责指挥生产运营过程的正常进行、生产设备的维护与设备变更处理、管理成品库等工作。同时，生产总监要有计划地扩大生产能力，以满足市场竞争的需要。

3.2.5 采购总监

采购是企业生产的首要环节。采购总监负责各种原料的及时采购和安全管理，确保企业生产的正常进行；负责编制并实施采购供应计划，分析各种物资供应渠道及市场供求变化情况，力求从价格上、质量上把好第一关，为企业生产做好后勤保障；进行原村料库存的数据统计与分析。

在沙盘模拟课程中，采购总监负责制订采购计划、与供应商签订供货合同、监督原料采购过程并按计划向供应商付款、管理原料库等具体工作；由于材料采购一般有订货提前期，应确保在合适的时间点，采购合适的品种及数量的原料，见图 3 – 2。

总之，沙盘模拟企业中的人员要各司其职，认真履行好自己的职责，才能保证自己公司的各项工作顺利进行。

3.3 团队展示

模拟企业的成员确定好各自的角色后，在公司开始正式经营之前，还需设计出本企业的名称、Logo（标志）以及口号，并由每家企业的 CEO 进行现场不少于 3 分钟的个人陈述（见图 3 – 3）。

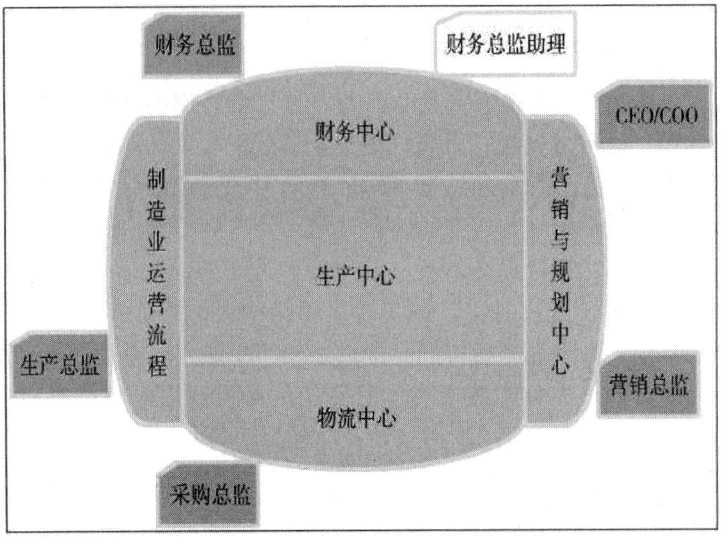

图 3－2 沙盘模拟主要角色的盘面定位

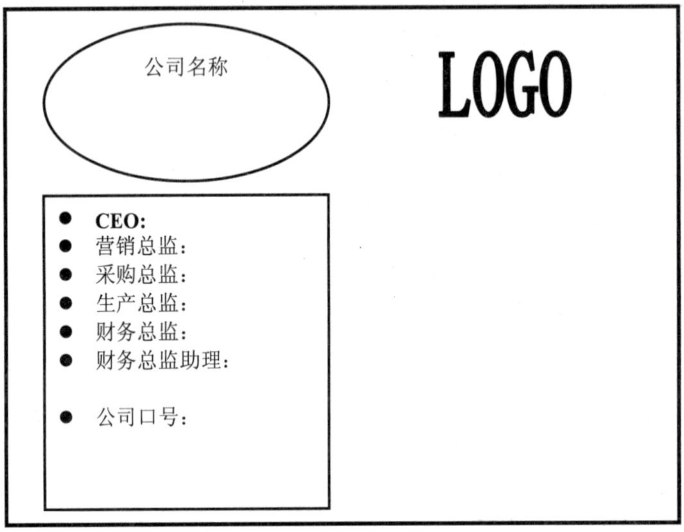

图 3－3 团队展示图

本章小结

企业经营成功的一大关键因素是“人”的因素，通过沙盘模拟经营，学员不仅能够体验到企业的经营过程、决策过程，而且能深刻体会到公司各部门的职责和相互关系，以及公司各关键角色的作用和相互配合，进而真切领悟到团队合作的重要性。

第 4 章

深谙经营规则

经营规则是企业从事经营活动必须遵守的行为规范。企业经营涉及规划、筹资、投资、采购、生产、营销、财务等多个方面，各个企业必须严格遵守相同的经营规则。在模拟运营以前，必须要熟悉和掌握这些规则，才能灵活运用规则，合法经营，在竞争中获胜。

本章重点

- ◆ 筹资规则
- ◆ 投资规则
- ◆ 生产运作规则
- ◆ 营销规则

4.1 筹资

企业要维持正常的生产经营以及进行投资活动，资金是前提和基础。筹资是通过一定渠道、采取适当方式筹措资金的财务活动，是财务管理的首要环节。市场经济环境下，企业可以从不同渠道取得所需资金，而不同的筹资渠道和不同的筹资方式组合，都存在一定的资金成本，将给企业带来不同的预期收益，也将使企业承担不同的税负水平。适当利用负债工具，有助于企业在有效抑制税负的同时，实现预期所有者权益最大化目标。

4.1.1 筹资策略

筹资按资金使用期限长短分为长期资本和短期资本，按所筹资金的权益性质不同分为股权资本和负债资金；按筹资活动是否通过金融机构分为直接筹资和间接筹资；按资金取得方式分为内部筹资和外部筹资。

在 ERP 沙盘中，为了简化，资金筹资渠道比较单一，主要表现为长期贷款、短期贷款、其他贷款（高利贷）和企业应收账款贴现几种形式。长期贷款资金主要满足固定资产、无形资产、长期占用的流动资产的需要，短期贷款资金主要满足临时波动的流动资金需要。高利贷是在企业无法通过其他筹资方式筹集资金时而采用的非常方式，一般情况下不建议采用。资金贴现是将应收账款贴现，相当于提前使用资金。在选择筹资渠道时，应将资金来源与资金运用结合起来，合理进行期限搭配，寻求最佳资本结构。

4.1.2 筹资规则（见表 4－1）

表 4－1 筹资方式

贷款类型	贷款时间	贷款额度	年息	还款方式
长期贷款	每年年末	所有者权益的 2 倍	10%	每年年末付息，到期还本
短期贷款	每季度初	所有者权益的 2 倍	5%	每季度初申请新贷款，利随本清
高 利 贷	任何时间	与银行协商	20%	利随本清
资金贴现	任何时间	视应收款额	1:6	变现时贴息

（1）规则说明。

◆ 长期贷款

长期贷款每年只有一次，即在每年年末（详见运行任务清单）。

长期贷款的额度为上年所有者权益总计的 2 倍，必须为 20 的倍数申请；新申请贷款的额度需减去已贷款数。

例如：如果上年所有者权益为 59M，长期贷款额度即为 100M。如果已有 80M 的长期贷款，则只能再获得 20M 的长期贷款。

长期贷款每年必须支付利息，到期还本；当年的新长期贷款当年不支付利息，从下年开始支付利息；当年偿还的长期贷款当年仍要支付利息。

长期贷款最多可贷 5 年，不允许提前还款，结束年时，不要求归还没有到期的长期贷款。

◆ 短期贷款

短期贷款每年可贷 4 次，分别为每季度初（详见附录的任务清单）。

短期贷款的额度为上年所有者权益总计的 2 倍，必须为 20 的倍数申请；新申请贷款的额度需减去已贷款数。

例如：如果上年所有者权益为 19M，只能按 10M 来计算贷款数量，即贷款额度为 20M。如果已有 20M 的贷款或低于 10M 的权益，将不能获得贷款。

短期贷款借款周期为 4Q，到期时还本并支付利息。

短期贷款不允许提前还款，结束年时，不要求归还没有到期的短期贷款。

◆ 高利贷

高利贷使用期限为一年（同短期贷款），利息为 20% /年，以 10M 为基本贷款单位，到期还本付息。发放额度应与银行协商。

高利贷可以随时申请，即在运行过程的任何时间都可以申请高利贷，但高利贷计息时间为运行当季的短期贷款申请时间，并随短期贷款的更新时间更新。高利贷必须按照短贷归还时间进行还本付息。所有贷款不允许提前还贷。

◆ 贴现

若提前使用应收款，必须按 6:1 提取贴现费用，只要有足够的应收账款，可以随时贴现

（包括次年支付广告费时，使用应收贴现）。

（2）操作说明。

◆ 获得长、短期贷款时，将其放在相应的盘面上，在规定的时间往前推动一格，当推出贷款区域时，则表示需要偿还本金。

◆ 贴现时，从任意账期的应收账款中取 7n（其中，n 为整数）的应收账款，6n（其中，n 为整数）为现金，放入现金区，其余为贴现费用（只能按 7 的倍数贴现），放在贴息处，计入财务支出。

例如：将 35M 的 4Q 应收账款贴现，获得 30M 的现金，5M 作为贴息。

4.2　投资

面对激烈竞争的市场，企业必须提升综合竞争能力。要提升竞争能力，投资是其中一条途径。投资包括固定资产投资和无形资产投资。沙盘企业中，固定资产投资主要是购买厂房、购建生产线；无形资产投资主要是开拓市场、认证开发和产品研发等。

4.2.1　厂房投资

（1）厂房购买、出售与租赁规则（见表 4－2）。

表 4－2　　厂房购买、出售与租赁

厂房	买价	租金	售价	生产线容量	是否计提折旧
大厂房	40M	5M/年	40M（4Q）	6 条生产线	否
小厂房	30M	3M/年	30M（4Q）	4 条生产线	否

（2）规则说明。

◆ 购买厂房

购买厂房只能在每年规定的时间（参见运作记录表）进行，购买时需要将等值现金放到厂房价值位置。如果厂房中有生产线，购买厂房后不再支付当年的厂房租金。

（3）租赁厂房。

当运作记录表运行到“租金”时，如果厂房中有生产线，则不管什么时间投资的，也不管厂房是否是当年出售的，都需要支付租金。

如果当年使用过厂房（其中有过生产线），但到最后一个季度将生产线出售了，即当运作记录表运行到“租金”时，厂房中已没有生产线，则不需要支付租金。已购买的厂房不需要支付租金。

（4）出售厂房。

厂房可以在运行的每个季度规定的时间进行变卖。变卖时，需要财务总监携带运行记录本、“应收账款登记表”和厂房价值（大厂房：40M，小厂房：30M），到交易处进行交易。经核准运作时间后，由交易处收回厂房价值，发放 4Q 的应收账款欠条，并在“应收账款登记表”中登记。

4.2.2 生产线投资（见表4－3）

表4－3 生产线购买、转产与维护、出售

生产线	购买价格	安装周期	生产周期	转产周期	转产费	维修费	残值
手工线	5M	无	3Q	无	无	1M/年	1M
半自动	8M	2Q	2Q	1Q	1M	1M/年	2M
自动线	16M	4Q	1Q	1Q	4M	1M/年	4M
柔性线	24M	4Q	1Q	无	无	1M/年	6M

（1）规则说明。

◆ 每条生产线同时只能有一个产品在线。产品上线时需要支付加工费，不同生产线的生产效率不同，但需要支付的加工费是相同的，均为1M。

◆ 购买新生产线。投资新生产线时按安装周期平均支付投资，全部投资到位的下一个季度领取产品标识，开始生产。其中，手工线因为安装周期为0，购买后可以立即投入使用。资金短缺时，可以随时中断投资。

例如：A公司在第1年的第2季度开始投资全自动生产线，需要分4个安装周期，按4M/Q投资，在第2年的第1季度投资完毕，在第2季度才能上线生产产品（见表4－4）。

表4－4 安装进程

运行期间	投资额	进度
第1年第2季度	4M	启动1期安装
第1年第3季度	4M	完成1期安装，启动2期安装
第1年第4季度	4M	完成2期安装，启动3期安装
第2年第1季度	4M	完成3期安装，启动4期安装
第2年第2季度		完成4期安装，生产线建成，可以生产产品

◆ 转产生产线。生产线转产指生产线转产生产其他产品。转产时可能需要一定转产周期，并支付一定转产费用，支付完转产费一个季度后方可更换产品标识。转产时，生产线上不能有正在生产的产品。

例如：A公司的半自动生产线原来生产P1产品，在第3年第1季度决定转产生产P2产品转产周期为1Q，并支付转产费用1M（见表4－5）。

表4－5 转产进程

运行期间	转产费用	进度
第3年第1季度	1M	停止生产P1产品，准备转产
第3年第2季度		完成转产，开始生产P2产品

◆ 维护生产线。每种生产线的维护费均为1M/年。

当年在建的和当年出售的生产线均不用交维护费。

例如：A 公司在第 1 年的第 1 季度开始投资建设全自动生产线，这条生产线于第 4 季度完成投资，但没有完成安装，则在第 1 年年末不需要交纳维护费。

例如：A 公司在第 1 年第 4 季度将 1 条自动生产线出售，则出售的该条生产线不用交纳维护费。

生产线安装完成的当年，不论是否开工生产，都必须交纳维护费；正在进行转产的生产线也必须交纳维护费。

例如：A 公司在第 1 年的第 2 季度开始投资建设全自动生产线，则在第 1 年年末时候，该条生产线还没建成，不需要交纳维护费。而在第 2 年第 2 季度完成建设，但属于在第 2 年建成的生产线，因此，在第 2 年年末需要交纳维护费。

又如：A 公司的半自动生产线原来生产 P1 产品，在第 3 年第 1 季度决定转产生产 P2 产品，在第 3 年年末需要支付维护费。

◆ 出售生产线。生产线只能按残值出售。出售生产线时，如果生产线净值等于或小于残值，将净值转化为现金；如果生产线净值大于残值，相当于残值的部分转化为现金，将差额部分作为费用处理（综合费用—其他）。

例如：在第 2 年第 3 季度出售第 1 年第 4 季度建成的一条半自动生产线，此时，该半自动生产线的原值为 8M（生产线建成当年不提折旧），净值为 6M（原值—残值），大于半自动生产线的残值 2M，则 2M 转化为现金，6M 转化为费用。

◆ 生产线折旧。当年投资的生产线价值计入在建工程，当年不计提折旧。当年建成的生产线和当年出售的生产线均不计提折旧。折旧按每条生产线单独计提（见表 4－6）。

表 4－6　　生产线每年折旧额计算表

生产线	购买价格	残值	折旧额				
			第 1 年	第 2 年	第 3 年	第 4 年	第 5 年
手工线	5M	1M	0M	1M	1M	1M	1M
半自动	8M	2M	0M	2M	2M	1M	1M
自动线	16M	4M	0M	3M	3M	3M	3M
柔性线	24M	6M	0M	5M	5M	4M	4M

完成规定年份的折旧后，生产线可以继续使用，但不用提取折旧。

生产线的剩余的残值可以保留，直到该生产线变卖为止。

（2）操作说明。

◆ 购买新生产线

生产线安装完成后，需将所有投资额放在设备价值处。各队之间不允许相互购买生产线，只允许向设备供应商（交易处）购买；生产线一经开始投资，不允许搬迁移动（包括在同一厂房内的生产线）。

◆ 转产生产线

转产停工时，需将生产线翻转在盘面上，待达到转产周期时，可翻转，并向裁判领取相应的产品生产标识。

◆ 维护生产线

按盘面上年末实际建成的生产线的数量交纳维护费，不包括已经出售和正在建设的生产线。

◆ 出售生产线

将变卖的生产线的残值放入现金区，如果还有剩余的价值（即没有提完的折旧），将剩余价值放入“其他”费用，记入当年“综合费用”，并将生产线交还给供应商即完成变卖。

◆ 生产线折旧

折旧不影响资金流情况，折旧时从生产线价值中取出相应的折旧额，放在“折旧”项目。为简化，折旧直接作为费用计算，冲减当期利润。

4.2.3 国际认证体系投资

目前，ISO9000 系列标准已被全世界 80 多个国家和区域的组织所采用，为广大组织提供了质量管理和质量保证体系方面的要求。ISO14000 系列标准是对组织的活动、产品和服务从原材料的选择、设计、加工、销售、运输、使用到最终废弃物的处置进行全过程的管理方面的要求。

（1）规则说明（见表 4－7）。

表 4－7 ISO 投资

ISO 类型	总投资费用	投资周期	年投资额
ISO9000 （质量管理体系）	2M	2 年	1M
ISO14000 （环境管理体系）	3M	3 年	1M

◆ 每项 ISO 开发每年最多投入 1M，不允许超前投资。

例如：ISO9000 的投资周期是 2 年，投资费用 2M，不能在一年内一次性投入 2M 以获得 ISO9000 资格，只能在一年内投入 1M，累积达到 2M 时，方可获得 ISO9000 资格。

◆ ISO9000 与 ISO14000 都独立存在，需要分别投入，以获得相应的 ISO 资格。

例如：要想拥有 ISO9000 和 ISO14000 资格，则需要在投资周期内每年分别在 ISO9000 和 ISO14000 上各投入 1M，连续投资两年后，获得 ISO9000 资格，再继续投入 1 年，即可获得 ISO14000 资格。

◆ ISO 的投资可同时进行，也可择其一投资。

例如：可以同时进行 ISO9000 和 ISO14000 的投资，也可只投资 ISO9000 或 ISO14000。

◆ ISO 的投资可随时中断或者停止。

例如：在第 2 年，企业出现资金短缺情况，于是停止投资 ISO9000（之前已投入 1 年的开发），即在当年不投入。在第 3 年，企业资金状况好转，遂决定继续投资 ISO9000，继续投入开发费 1M，至此，投资周期累计达到 2 年，投资费用累计达到 2M，获得 ISO9000 资格。在第 4 年，可在市场上投入 ISO 的宣传费，争抢对 ISO9000 有特定要求的订单。

又如：第 1 年在 ISO14000 上投入 1M 进行开发，后发现之前市场预测分析失误，于是停止对 ISO14000 的开发，即最终放弃取得 ISO14000 资格。

◆ 只有获得 ISO 资格证后，才能在市场中投入 ISO 宣传费，才有资格获取具有 ISO 要求的特殊订单。

例如：A 公司经过 2 年的开发，获得了 ISO9000 的资格。在第 3 年年初的订货会上本地市场的广告费竞单表如表 4－8 所示。

表 4－8　　广告费竞单表

第 3 年　A 组（本地）			
产　品	产品广告	ISO9K	ISO14K
P1	3		
P2	1		
P3			
P4			

本地市场 P1 的产品销售订单情况如表 4－9 和表 4－10 所示。

表 4－9

第 3 年　本地市场　P1－1/2
产品数量：2P1 产品单价：5M/个 总金额：10M 账期：2Q

表 4－10

第 3 年　本地市场　P1－2/2
产品数量：4P1 产品单价：7.5M/个 总金额：30M 账期：1Q
ISO9000

由于 A 公司没有在本地市场上投入 ISO 的宣传费，于是不能获得无论在价格还是账期上都很有利的 P1－2/2 的订单，只能选择获得 P1－1/2 订单，或者选择放弃。

◆ ISO 资格适用于投入宣传费的市场的所有产品，且只需投入 1M 即可。

例如：在第 4 年年初的订货会上的广告费竞单表见表 4－11。

表 4－11　　广告费竞单表

第 4 年　B 组（区域市场）			
产　品	产品广告	ISO9K	ISO14K
P1	2	1	
P2	1		
P3	3		
P4			

该广告费竞单表表示 B 组在区域市场上，在 P1、P2、P3 的订单争取中，都有资格获得具有 ISO9000 要求的特殊订单。

（2）操作说明。

◆ 每年按照投资额将投资放在 ISO 证书位置。

◆ 当投资完成后，持所有投资到主裁判处换取 ISO 资格证。

4.2.4 产品研发投资

（1）产品研发投资规则（见表 4－12）。

表 4－12 产品研发投资

产品	研发投入	研发周期	每季度研发投入
P2	6M	6Q	1M
P3	12M	6Q	2M
P4	18M	6Q	3M

◆ 每个产品研发必须按研发周期分别投入，不允许一次性投入。

例如：开发 P2 产品需要 6Q，研发费用 6M，不能在 1Q 内一次性投入 6M 以获得 P2 的生产资格，只能在 1Q 内投入 1M，累计达到 6M 时，方可获得 P2 的生产资格。

◆ 各个产品的研发都独立存在，需在不同产品上分别投入研发费用，以获得相应的生产资格。

例如：要同时研发 P2 产品和 P3 产品，需要在研发周期内分别在 P2 产品和 P3 产品投入 1M、2M 的研发费用。

◆ 各个产品的研发可同时进行。

例如：在资金充裕的情况，可以在研发 P2 产品的同时开发 P3 产品和 P4 产品。

◆ 产品研发可随时中断或者停止。

例如：在第 2 年第 1 季度，经预测，如果继续研发 P3 产品，公司将出现资金短缺情况，于是停止开发 P3（之前已开发 4Q，还剩 2Q 就完成开发），即在当年不投入。在第 3 年第 1 季度，公司资金状况好转，遂决定继续开发 P3 产品，在第 3 年第 1、2 季度分别投入产品研发费用 2M，至此，已经研发达到研发周期 6Q，即可获得 P3 的生产资格。在第 3 季度，即可安排生产。

又如：在第 2 年第 1 季度，在 P2 产品投入 1M 的研发费用，在第 2 季度发现之前市场预测分析失误，于是停止对 P2 产品的研发，即最终放弃对 P2 的研发。

◆ 拿到产品生产资格才能生产相应产品，但不影响参加相应产品的订货会。

例如：在第 1 年的第 1 季度开始研发 P2 产品，在第 2 年的产品订货会上，依然可以在 P2 产品上投入广告费，争取相应的订单。因为 P2 产品的研发需要 5Q，在第 1 年经过 4Q 的研发后，还需 1Q 就研发完成，在第 2 年的 1 季度如果继续投入研发费用，完成 5Q 的研发后，就可在第 2 季度开始生产 P2 产品，假设此时用全自动生产线来全力生产 P2，则可在第 2 年第 2、3、4 季度分别下线 1 个 P2，共计 3 个 P2 产品。

（2）操作说明。

◆ P1 产品已经有生产许可证，可以在本地市场进行销售。P2、P3、P4 产品都需要研发后才能获得生产许可。只有获得生产许可证后才能开工生产该产品。

◆ 每季度按照投资额将现金放在生产资格位置。

◆ 研发投资完成后持全部投资换取产品生产资格证。

◆ 研发投资计入综合费用。

4.3 生产管理

4.3.1 产品生产

（1）产品生产规则。

◆ P 系列产品的 BOM 结构（见表 4－13）。

表 4－13　　P 系列产品的 BOM 结构

P1	P2	P3	P4
R1	R1　R2	2R2　R3	R2　R3　2R4

◆ P 系列产品成本构成（见表 4－14）。

表 4－14　　产品原材料、加工费、成本

产品	原材料	原料价值	产品原料总价值	加工费	直接生产成本
P1	R1	均为 1M	1M	均为 1M	2M
P2	R1，R2		2M		3M
P3	2R2，R3		3M		4M
P4	R2，R3，2R4		4M		5M

（2）操作说明。

◆ 上线生产时取用原料并支付加工费，不同生产线生产不同产品时加工费不同。

◆ 所有生产线都能生产所有产品，但每条生产线不能同时生产两个产品。

◆ 现有生产线转产新产品时可能需要一定转产周期及转产费用。

4.3.2 原材料采购

原材料采购需经过下原料订单和采购入库两个步骤。下原料订单要注意订货提前期。各种材料的订货提前期如表 4－15 所示。

表 4－15　　各种原材料提前期

原材料	订料提前期
R1	1Q
R2	1Q
R3	2Q
R4	2Q

规则说明：

◆ 根据上季度所下采购订单接受相应原料入库，并按规定付款或计入应付款。用空桶表示原材料订货，将其放在相应的订单上，R1、R2 订购必须提前一个季度；R3、R4 订购必须提前两个季度。没有下订单的原材料不能采购入库。

◆ 原料采购订单时必须填写采购订单登记表，然后携带采购总监的运行记录和采购订单登记表到交易处登记，没有登记视同没有订购。所有下订单的原材料到期必须采购入库。

◆ 每种原料的价格均为 1M，原料到货后必须根据采购订单如数接受相应原料入库，并按规定支付原料款，不得拖延。

4.4 营销管理

4.4.1 市场准入（见表 4－16）

表 4－16 市场准入规则

市场	投资费用	投资周期	年投资额
本地	无	无	无
区域	1M	1 年	1M
国内	2M	2 年	1M
亚洲	3M	3 年	1M
国际	4M	4 年	1M

（1）规则说明。

◆ 每个市场开发每年最多投入 1M，不允许超前投资。

例如：开发国内市场的投资周期是 2 年，投资费用 2M，不能在一年内一次性投入 2M 以获得国内市场准入资格，只能在一年内投入 1M，累积达到 2M 时，方可获得国内市场的准入资格。

◆ 各个市场都独立存在，需在不同市场上投入开发费用，以获得相应的准入资格。

例如：要进入区域市场和国内市场，需要在投资周期内每年分别在区域和国内市场上投入 1M。

◆ 各个市场的开发可同时进行。

例如：可以在开发区域市场的同时开发国内市场，以至亚洲市场，甚至国际市场。

◆ 市场开发可随时中断或者停止。

例如：在第 3 年，企业出现资金短缺情况，于是停止开发亚洲市场（之前已开发 2 年），即在当年不投入。在第 4 年，企业资金状况好转，遂决定继续开发亚洲市场，继续投入亚洲市场开发费 1M，至此，开发周期累计达到 3 年，投资费用累计达到 3M，获得亚洲市场准入资格。在第 5 年，即可在亚洲市场上投入广告费，争抢产品定单。

例如：第 1 年在国内市场上投入 1M 进行开发，后发现之前市场预测分析失误，于是停止对国内市场的开发，即最终放弃国内市场。

◆ 拿到市场准入证才能参加相应市场的订货会。

例如：第 1 年同时开发了区域和国内市场，在第 2 年的产品订货会上，只能在区域市场上竞单，不能在国内市场上竞单，因为区域市场的投资周期为 1 年，经过 1 年的开发已经取得市场准入资格，而国内市场的投资周期为 2 年，还不具备市场准入资格，即不能参加国内市场的订货会。

（2）操作说明。

◆ 本地市场直接获得市场准入证。

◆ 投资时，将 1M 现金放在“市场准入”位置处。

◆ 当完成全部投资后，经核准，换取相应的市场准入证，并放在盘面“市场准入”的位置处。

4.4.2 竞单规则

（1）竞单规则。

◆ 订货会年初召开，一年只召开一次。例如：如果在该年年初的订货会上只拿到 2 张订单，那么在当年的经营过程中，再也没有获得其他订单的机会。

◆ 广告费分市场、分产品投放，订单按市场、按产品发放。

例如：企业拥有 P1、P2 的生产资格，在年初国内市场的订货会上，只在 P1 上投入了广告费用，那么在竞单时，不能在国内市场上获得 P2 的订单。

又如：订单发放时，先发放本地市场的订单，按 P1、P2、P3、P4 产品次序发放；再发放区域市场的订单，再按 P1、P2、P3、P4 产品次序发放。

◆ 广告费每投入 1M，可获得一次拿单的机会，另外要获得下一张订单的机会还需要再投入 2M，以此类推，每多投入 2M 就拥有多拿一张订单的机会。广告费用计算组合为（1 + 2n）M（其中，n 为整数）。

例如：在本地市场上投入 7M 广告费表示，在本地市场上有 4 次拿单的机会，最多可以拿 4 张订单。但是，最终能拿到几张订单要取决于当年的市场需求和竞争状况。

◆ 销售排名及市场老大规则。每年竞单完成后，根据某个市场的总订单销售额排出销售排名；排名第一的为市场老大，下年可以不参加该市场的选单排名而优先选单；其余的公司，仍按选单排名方式确定选单顺序（见表 4 - 17）。例如：

表 4 - 17 P3 广告投放单（亚洲市场）

公司	P1	ISO9K	ISO14K	广告总和	上年排名
A	1			1	1
B	2	1	1	4	2
C	2	1		3	4
D	5			5	3

亚洲市场 P3 选单的顺序为：

第一，由 A 公司选单：虽然 A 公司投入 P3 产品的广告费低于其余 3 家公司，但其上年在亚洲市场上的销售额排名第一，因此不以其投入广告费的多少来选单，而直接优先选单。

第二，由 D 公司选单：投入 P3 的广告费最高，为 5M。

第三，由 B 公司选单：虽然在 P3 的产品广告费上与 C 公司相同，但投入在亚洲市场上的总广告费用为4M，而C公司投入国际市场上的总广告费用为3M，因此，B公司先于C公司选单。

第四，由C公司选单：由于投入的P3产品的广告费用与B公司相同，但在亚洲市场上的总广告费投入低于B公司，因此后于B公司选单。

◆ 选单排名顺序和流程。第一次以投入某个产品广告费用的多少产生该产品的选单顺序；如果该产品投入一样，按本次市场的广告总投入量（包括ISO的投入）进行排名；如果市场广告总投入量一样，按上年的该市场排名顺序排名；如果上年排名相同，采用竞标方式选单，即把某一订单的销售价、账期去掉，按竞标公司所出的销售价和账期决定谁获得该订单（按出价低、账期长的顺序发单）。

按选单顺序先选第一轮，每公司一轮只能一次机会，选择1张订单。第二轮按顺序再选，选单机会用完的公司则退出选单（见表4－18、表4－19）。例如：

表4－18　　P1广告投放单（国际市场）

公司	P1	ISO9K	ISO14K	广告总和	上年排名
A	3			3	2
B	1	1	1	4	3
C	1	1		3	5
D					4
E					1

表4－19　　P2广告投放单（国际市场）

公司	P2	ISO9K	ISO14K	广告总和	上年排名
A				3	2
B	1			4	3
C	1			3	5
D	1	1	1	3	4
E					1

国际市场P1选单的顺序为：

第一，由A公司选单：在国际市场上，市场老大E公司没有投入P1产品的广告费，而A公司投入P1的广告费最高，为3M。

第二，由B公司选单：虽然在P1的产品广告费上与C公司相同，但投入在国际市场上的总广告费用为4M，而C公司投入国际市场上的总广告费用为3M，因此，B公司先于C公司选单。

第三，由C公司选单：由于投入的P1产品的广告费用与B公司相同，但在国际市场上的总广告费投入低于B公司，因此后于B公司选单。

第四，由A公司再选单：A公司投入P1产品的广告费组合为（1＋2）M，因此获得多一次的选单机会。

国际市场P2选单的顺序为：

第一，由B公司选单：在国际市场上市场老大E公司没有投入P2产品的广告费，虽然B、C、D公司在P2产品上投入的广告费用相同，但在国际市场上的总广告费投入B公司最高，因此最先选单。

第二，由 D 公司选单：虽然在 P2 的产品广告费上与 C 公司相同，且在国际市场上的总广告费也与 C 公司相同，但在上年的经营过程中，D 公司排第 3 名，C 公司排第 4 名，因此，D 公司先于 C 公司选单。

第三，由 C 公司选单。虽然在 P2 的产品广告费上与 D 公司相同，且在国际市场上的总广告费也与 D 公司相同，但在上年的经营过程中，D 公司排第 3 名，C 公司排第 4 名，因此，后于 D 公司选单。

◆ 订单种类。第一类：普通订单：可以在一年之内任何交货期均可交货。如表 4－20 所示。订单上的账期表示客户收货时货款的交付方式。例如：0 账期，表示采用现金付款；4 账期，表示客户付给企业的是 4 个季度的应收账款。第二类：加急订单：第一季度必须交货，若不按期交货，会受到相应的处罚。如表 4－21 所示。第三类：ISO9000 或 ISO14000 订单：要求具有 9000 或 14000 资格，并且在市场广告上投放了 ISO9000 或 ISO14000 广告（1M）的公司，才可以拿单，且对该市场上的所有产品均有效。如表 4－22 所示。

表 4－20　　普通订单

第 3 年　本地市场 P2－1/4
产品数量：2P2 产品单价：8.5M/个 总金额：17M 账期：4Q

表 4－21　　加急订单

第 3 年　本地市场 P2－1/4
产品数量：2P2 产品单价：8.5M/个 总金额．17M 账期：4Q
加急!!!

表 4－22　ISO 订单

第 3 年　本地市场 P2－3/4
产品数量：2P2 产品单价：8.5M/个 总金额：17M 账期：4Q
ISO9000　ISO14000

◆ 交货规则。必须按照订单规定的数量整单交货。

◆ 违约处罚规则。所有订单必须在规定的期限内完成（按订单上的产品数量交货），即：加急订单必须在第一季度交货，普通订单必须在本年度交货等；如果订单没有完成，按下列条款加以处罚：

第一，下年市场地位下降一级（如果是市场第一的，则该市场第一空缺，所有公司均没有优先选单的资格）。

第二，下年必须先交上违约的订单后，才允许交下年正常订单。

第三，交货时扣除订单额 25%（取整）作为违约金。

例如：A 公司在第 2 年时，为本地市场的老大，且在本地市场上有一张订单总额为 20M，但由于产能计算失误，在第 2 年不能交货，则在参加第 3 年本地市场的订货会时丧失市场老大的订单选择优先权，并且在第 3 年该订单必须首先交货，交货时需要扣除 5M（20M×25%）的违约金，只能获得 15M 的货款。

（2）操作说明。

◆ 将广告费填写在“广告费竞单表”中每个市场的相应产品栏内；如果要取得 ISO 标准的订单，首先要开发完成 ISO 认证，然后在每次的竞单中，要在广告登记单上的 ISO 位置填写 1M 的广告（见表 4－23）。

表 4－23　　广告费竞单表

第四年　　A 组（区域）			
产品	产品广告	ISO9K	ISO14K
P1	3	1	
P2	1		
P3			
P4			

◆ 订单放单。第一，按总需要量放单：如对某个产品总需要量为 6 张订单，市场有 7 张订单，则只放 6 张。第二，按供应量放单：如果订单总数超过需求总数，拿出全部订单。第三，如果只有独家需求，全部放单。

4.5　综合费用和税金规则

（1）规则说明。

◆ 管理费：每季度支付 1M。

◆ 管理费、产品广告 & 品牌、生产线转产费、设备维护、厂房租金、市场开拓、ISO 认证、产品研发、信息化投资等计入综合费用。

◆ 每年所得税计入应付税金，在下一年初交纳。

（2）操作说明。

◆ 交税资格：本年税前利润弥补经营年亏损后为正。

◆ 所得税税率 25%，税金取整计算。不足 1 以 1 取整，如计算的所得税为 0.75，则取 1 交纳所得税，超过 1 向下取整，如计算出的所得税为 2.50，则取 2 交纳所得税。

本章小结

企业要想在激烈的市场竞争中得以不断提升，就必须熟悉市场规则。企业经营的成败，决策是关键。要想做正确的事，就必须正确的做事。只有合理整合企业的物流、资金流、信息流，才能发挥最大效用。

第 5 章

经营你的企业

企业模拟运营，应当严格遵守运营规则，按照一定的运营流程进行。为了经营好企业，管理者应当做好预测、决策、预算、计划、控制、核算、分析等工作。预测、决策（规划）、预算、计划工作应当在每年经营结束后，下年运营之前进行，目的是使经营活动有序进行，防止出现意外情况的发生。控制主要是在运营过程中，根据运营流程和事先的计划进行生产经营。核算是在经营结束后，对当年的经营情况进行的盘点，编制各种报表，反应当期的经营情况和年末的财务状况。分析主要是在经营结束后，根据核算的结果与预算进行比较，找出差异，并对差异进行分析，以便以后更好地开展工作。

在沙盘模拟经营中，企业是按照任务清单的顺序开展工作的。任务清单（详见附录 2）代表了企业简化的工作流程，也是企业竞争模拟中各项工作需要严格遵守的工作顺序。分为年初工作、按季度执行的工作和年末工作等。在模拟运营时，由 CEO 主持，指挥团队各成员各司其职，按照任务清单的流程执行任务，每执行完一项任务，各成员应在任务清单对应的方格内进行详细的记录。

在初次接触沙盘时，往往不知道该怎样在沙盘上操作，常常出现手忙脚乱的情况。本章结合企业运营规则，主要解决营运过程中的操作问题。首先介绍沙盘企业在运营过程中，为了经营好企业，年初应当做以及怎样做的各项工作；然后，按流程分别介绍在运营过程中如何进行规范的操作，防止出现由于操作失误影响结果的情况；最后，介绍年末应当做的各项工作。

本章重点

- 年初新年度规划和计划的制订
- 日常运营的流程和操作要点
- 报表的编制

5.1　年初工作

一年之计在于春。一年之初，企业应当谋划全年的经营，预测可能出现的问题和情况，分析可能面临的问题和困难，寻找解决问题的途径和办法，使企业未来的经营活动处于掌控之中。为此，企业首先应当召集各位业务主管召开新年度规划会议，初步制定企业本年度的投资规划，接着，营销总监参加一年一度的产品订货会，竞争本年度的销售订单；然后，根据销售订单情况，调整企业本年度的投资规划，制订本年度的工作计划，开始本年度的各项工作。年初工作包括：新年度规划会议、参加订货会/支付广告费、登记销售订单、制定新年度计划、支付应付税五项。

5.1.1 新年度规划会议

召开新年度规划会议，是ERP沙盘模拟经营的第一步，在流程表中仅仅只有一个格子，仅仅体现了一个动作，因此很多初学者常常认为这可有可无。无数战例证明：一支真正成熟的、有竞争力、有水平的队伍，在比赛中会用绝大多数比赛时间来进行年度规划。那到底什么是年度规划？年度规划要做些什么？要怎么做呢？

常言道："万事预则立，不预则废"。在开始新的一年经营之前，CEO应当召集各位业务主管召开新年度规划会议，根据各位主管掌握的信息和企业的实际情况，初步提出企业在新的一年的各项投资规划，包括市场和认证开发、产品研发、设备投资、生产经营等规划。同时，为了能准确地在一年一度的产品订货会上争取销售订单，还应当根据规划，精确地计算出企业在该年的产品完工数量，确定企业的可接订单数量。

（1）新年度全面规划。

新年度规划，涉及企业在新的一年如何开展各项工作的问题。通过制定新年度规划，可以使各位业务主管做到在经营过程中胸有成竹，知道自己在什么时候该干什么，可以有效预防经营过程中决策的随意性和盲目性，减少经营失误；同时，在制定新年度规划时，各业务主管已经就各项投资决策达成了的共识，可以使各项经营活动有条不紊地进行，可以有效提高团队的合作精神，鼓舞士气，提高团队的战斗力和向心力，使团队成员之间更加团结、协调和和谐。

新年度全面规划，内容涉及企业的发展战略规划、投资规划、生产规划和资金筹集规划等。要作出科学合理的规划，企业应当结合目前和未来的市场需求、竞争对手可能的策略以及本企业的实际情况进行。在进行规划时，企业首先应当对市场进行准确的预测，包括预测各个市场产品的需求状况和价格水平，预测竞争对手可能的目标市场和产能情况，预测各个竞争对手在新的一年的资金状况（资金的丰裕和不足将极大地影响企业的投资和生产），在此基础上，各业务主管提出新年度规划的初步设想，大家就此进行论证，最后，在权衡各方利弊得失后，作出企业新年度的初步规划。企业在进行新年度规划时，可以从以下方面展开：

①市场开拓规划。企业只有开拓了市场才能在该市场销售产品。企业拥有的市场决定了企业产品的销售渠道。开拓市场投入资金，会导致企业当期现金的流出，增加企业当期的开拓费用，减少当期的利润，所以，企业在制定市场开拓规划时，应当考虑当期的资金情况和所有者权益情况。只有在资金有保证，减少的利润不会对企业造成严重后果（比如由于开拓市场增加费用而减少的利润使企业所有者权益为负数）时才能进行。在进行市场开拓规划时，企业主要应当明确几个问题：

◆ 企业的销售策略是什么？企业可能会考虑哪个市场产品价格高就进入哪个市场，也可能是哪个市场需求大就进入哪个市场，也可能两个因素都会考虑。企业应当根据销售策略明确需要开拓什么市场、开拓几个市场。

◆ 企业的目标市场是什么？企业应当根据销售策略和各个市场产品的需求状况、价格水平、竞争对手的情况等明确企业的目标市场。

◆ 什么时候开拓目标市场？在明确了企业的目标市场后，还涉及什么时候进入目标市场的问题，企业应当结合资金状况和产品生产情况明确企业目标市场的开拓时间。

②ISO 认证开发规划。企业只有取得 ISO 认证资格，才能在竞单时取得标有 ISO 条件的订单。不同的市场、不同的产品，不同的时期，对 ISO 认证的要求是不同的，不是所有的市场在任何时候对任何产品都有 ISO 认证要求。所以，企业应当对是否进行 ISO 认证开发进行决策。同样地，要进行 ISO 认证，需要投入资金。如果企业决定进行 ISO 认证开发，也应当考虑对资金和所有者权益的影响。由于 ISO 认证开发是分期投入的，为此，在进行开发规划时，应当考虑以下几个问题：

◆ 开发何种认证？ISO 认证包括 ISO9000 认证和 ISO14000 认证。企业可以只开发其中的一种或者两者都开发。到底开发哪种，取决于企业的目标市场对 ISO 认证的要求，取决于企业的资金状况。

◆ 什么时候开发？认证开发可以配合市场对认证要求的时间来进行。企业可以从有关市场预测的资料中了解市场对认证的要求情况。一般而言，时间越靠后，市场对认证的要求会越高。企业如果决定进行认证开发，在资金和所有者权益许可的情况下，可以适当提前开发。

③产品研发投资规划。企业在经营前期，产品品种单一，销售收入增长缓慢。企业如果要增加收入，就必须多销售产品，而要多销售产品，除了销售市场要足够多之外，还必须要有多样化的产品，因为每个市场对单一产品的需求总是有限的。为此，企业需要做出是否进行新产品研发的决策。企业如果要进行新产品的研发，就需要投入资金，同样会影响当期现金流量和所有者权益。所以，企业在进行产品研发投资规划时，应当注意以下几个问题：

◆ 企业的产品策略是什么？由于企业可以研发的产品品种多样，企业需要作出研发哪几种产品的决策。由于资金、产能的原因，企业一般不同时研发所有的产品，而是根据市场的需求和竞争对手的情况，选择其中的一种或两种进行研发。

◆ 企业从什么时候开始研发哪些产品？企业决定要研发产品的品种后，需要考虑的就是什么时候开始研发以及研发什么产品的问题。不同的产品可以同时研发，也可以分别研发。企业可以根据市场、资金、产能、竞争对手的情况等方面来确定。

④设备投资规划。企业生产设备的数量和质量影响产品的生产能力。企业要提高生产能力，就必须对落后的生产设备进行更新，补充现代化的生产设备。要更新设备，需要用现金支付设备款，支付的设备款记入当期的在建工程，设备安装完成后，增加固定资产，所以，设备投资支付的现金不影响当期的所有者权益，但会影响当期的现金流量。正是因为设备投资会影响现金流量，所以，在设备投资时，应当重点考虑资金的问题，防止出现由于资金问题而使投资中断，或者投资完成后由于没有资金不得不停工待料等情况。企业在进行设备投资规划时，应当考虑以下几个问题：

◆ 新的一年，企业是否要进行设备投资？应当说，每个企业都希望扩大产能，扩充新生产线、改造落后的生产线，但是，要扩充或更新生产线涉及时机的问题。一般而言，企业如果资金充裕，未来市场容量大，企业就应当考虑进行设备投资，扩大产能。反之，就应当暂缓或不进行设备投资。

◆ 扩建或更新什么生产线？由于生产线有手工、半自动、全自动和柔性四种，这就涉及该选择什么生产线的问题。一般情况下，企业应当根据资金状况和生产线是否需要转产等作出决策。

◆ 扩建或更新几条生产线？如果企业决定扩建或更新生产线，还涉及具体的数量问题。扩建或更新生产线的数量，一般根据企业的资金状况、厂房内生产线位置的空置数量等来确定。

◆ 什么时候扩建或更新生产线？如果不考虑其他因素，应该说生产线可以在流程规定的每个季度进行扩建或更新，但是，实际运作时，企业不得不考虑当时的资金状况、生产线完工后上线的产品品种、新产品研发完工的时间等因素。一般而言，如果企业有新产品研发，生产线建成的时间最好与其一致（柔性和手工线除外），这样可以减少转产和空置的时间。从折旧的角度看，生产线的完工时间最好在某年的第一季度，这样可以相对减少折旧费用。

（2）确定可接订单的数量。

在新年度规划会议以后，企业要参加一年一度的产品订货会。企业只有参加产品订货会，才能争取到当年的产品销售订单。在产品订货会上，企业要准确拿单，就必须准确计算出当年的产品完工数量，据此确定企业当年甚至每一个季度的可接订单的数量。企业某年某产品可接订单数量的计算公式为：

某年某产品可接订单数量 = 年初该产品的库存量 + 本年该产品的完工数量

公式中，年初产品的库存量可以从沙盘盘面的仓库中找到，也可以从营销总监的营运记录单中找到（实际工作中从有关账簿中找到）。这里，最关键的是确定本年产品的完工数量。

完工产品数量是生产部门通过排产来确定的。在沙盘企业中，生产总监根据企业现有生产线的生产能力，结合企业当期的资金状况确定产品上线时间，再根据产品的生产周期推算产品的下线时间，从而确定出每个季度、每条生产线产品的完工情况。为了准确测算产品的完工时间和数量，沙盘企业可以通过编制“产品生产计划表”来进行，当然，企业也可以根据产品上线情况同时确定原材料的需求数量，这样，两者结合，既可确定产品的完工时间和完工数量，又可以确定每个季度原材料的需求量。这里，我们将这两者结合的表格称为“产品生产及材料需求计划表”（格式如表 5 - 1 所示）。下面，我们举例介绍该表的编制方法。

【例 5 - 1】 企业某年年初有手工生产线、半自动生产线和全自动生产线各一条（全部空置），预计从第一季度开始在手工生产线上投产 P1 产品，在半自动和全自动生产线上投产 P2 产品（假设产品均已开发完成，可以上线生产；原材料能满足生产需要）。我们可以根据各生产线的生产周期编制产品生产及材料需求计划如表 5 - 1 所示。

表 5 - 1　　产品生产及材料需求计划表

生产线		第一年				第二年			
		一季度	二季度	三季度	四季度	一季度	二季度	三季度	四季度
手工线	产品	————	————	————	→ P1 ————	————	————	→ P1	
	材料	1R1			1R1				

续表

生产线			第一年				第二年			
			一季度	二季度	三季度	四季度	一季度	二季度	三季度	四季度
半自动	产品		——	——	→P2 ——	——	→P2 ——	——	→P2	
	材料		1R1 +1R2		1R1 +1R2		1R1 +1R2			
全自动	产品		——	→P2 ——	→P2 ——	→P2 ——	→P2 ——	→P2		
	材料		1R1 +1R2	1R1 +1R2	1R1 +1R2	1R1 +1R2	1R1 +1R2			
合计	完工产品	P1				1			1	
		P2		1	2	1	2	1	1	
		P3								
		P4								
	投入材料	R1	3	1	2	2	2			
		R2	2	1	2	1	2			
		R3								
		R4								

从表 5－1 可以看出，企业从第一季度开始连续投产加工产品，第一年第一季度没有完工产品，第二季度完工 1 个 P2 产品，在第三季度完工 2 个 P2 产品，第四季度完工 1 个 P1 产品和 1 个 P2 产品。同时，我们还可以看出企业在每个季度原材料的需求数量。根据该表提供的信息，营销总监可以据此确定可接订单数量，采购总监可以据此作为企业材料采购的依据。

需要注意的是，在编制“产品生产及材料需求计划”时，企业首先应明确产品在各条生产线上的投产时间，然后根据各生产线的生产周期推算每条生产线投产产品的完工时间，最后，将各条生产线完工产品的数量加总，得出企业在某一时期每种产品的完工数量。同样地，在该表中，企业根据产品的投产数量，可以推算出各种产品投产时需要投入的原材料数量，然后，将各条生产线上需要的原材料数量加总，可以得到企业在每个季度所需要的原材料数量。采购总监可以根据该信息确定企业需要采购什么、什么时间采购、采购多少等。

5.1.2　支付广告费、参加订货会、登记销售订单

销售产品，必须要有销售渠道。对于沙盘企业而言，销售产品的唯一途径就是参加产品订货会，争取销售订单。参加产品订货会，需要在目标市场投放广告费，只有投放了广告费，企业才有资格在该市场争取订单。

在参加订货会之前，企业需要支付广告费，并且分市场、分产品在“竞单表”上登记投放的广告费金额。“竞单表”是企业争取订单的唯一依据，也是企业当期支付广告费的依据，应当采取科学的态度，认真对待。广告费竞单表格式见表 4－8。

实际工作中，广告费一般是在广告呈现给观众或听众之前支付的。沙盘企业中，广告费则是在参加订货会前一次性支付。所以，企业在投放广告时，应当充分考虑企业的支付能力。也就是说，投放的广告费一般不能突破企业年初未经营前现金库中的现金余额。

支付广告费时，由财务总监从现金库中取出“竞单表”中登记的广告费数额放在综合

费用的“广告费”中，并在运营任务清单对应的方格内记录支付的现金数（用“-”表示现金支出，下同）。

接下来，一般由营销总监代表企业参加订货会，争取销售订单。但为了从容应对竞单过程中可能出现的各种复杂情况，企业也可由营销总监与CEO或采购总监一起参加订货会。竞单时，应当根据企业的可接订单数量选择订单，尽可能按企业的产能争取订单，使企业生产的产品在当年全部销售。应当注意的是，企业争取的订单一定不能突破企业的最大产能，否则，如果不能按期交单将给企业带来巨大的损失。

为了准确掌握销售情况，科学制订本年度工作计划，企业应将参加订货会争取的销售订单进行登记。订单拿回后，财务总监和营销总监分别在任务清单的“订单登记表”中逐一对订单进行登记。为了将已经销售和尚未销售的订单进行区分，营销总监在登记订单时，只登记订单号、销售数量、账期、销售额，暂时不登记成本和毛利，当产品销售时，再进行登记。下面以表5-2订单为例，介绍订单登记表的填写。

表5-2　订单登记表

订单号	P2-3/4						合计
市场	本地						
产品	P2						
数量	2						
账期	4						
销售额	16						
成本							
毛利							
未售							

5.1.3 调整年度计划

企业参加订货会取得销售订单后，已经明确了当年的销售任务。企业应当根据销售订单，对前期制定的新年度规划进行调整，制订新年度工作计划。新年度工作计划是企业在新的一年为了开展各项经营活动而事先进行的工作安排，它是企业执行各项任务的基本依据。新年度工作计划一般包括投资计划、生产计划、销售计划、采购计划、资金筹集计划等。沙盘企业中，当企业取得销售订单后，企业的销售任务基本明确，已经不需要制订销售计划了。这样，企业的新年度计划主要围绕生产计划、采购计划和资金的筹集计划来进行。

为了使新年度计划更具有针对性和科学性，计划一般是围绕预算来制订的。预算可以将企业的经营目标分解为一系列具体的经济指标，使生产经营目标进一步具体化，并落实到企业的各个部门，这样企业的全体员工就有了共同努力的方向。沙盘企业中，通过编制预算，特别是现金预算，可以在企业经营之前预见在经营过程中可能出现的现金短缺或盈余，便于企业安排资金的筹集和使用；同时，通过预算，可以对企业的规划及时进行调整，防止出现由于资金断流而破产的情况。

现金预算，首先需要预计现金收入和现金支出。实际工作中，现金收入和支出只能进行合理地预计，很难进行准确地测算。沙盘企业中，现金收入相对比较单一，主要是销售产品收到的现金，可以根据企业的销售订单和预计交单时间准确地估算。现金支出主要包括投资支出、生产支出、采购材料支出、综合费用支出和日常管理费用支出等。这些支出可以进一步分为固定支出和变动支出两部分。固定支出主要是投资支出、综合费用支出、管理费用支出等，企业可以根据规则和企业的规划准确计算。变动支出是随产品生产数量的变化而变化的支出，主要是生产支出和材料采购支出。企业可以根据当年的生产线和销售订单情况安排生产，在此基础上通过编制“产品生产与材料需求计划”，准确地测算出每个季度投产所需要的加工费，同时，根据材料需求计划确定材料采购计划，准确确定企业在每个季度采购材料所需要的采购费用。这样，通过预计现金收入和现金支出，可以比较准确地预计企业现金的短缺或盈余。如果现金短缺，就应当想办法筹集资金，如果不能筹集资金，就必须调整规划或计划，减少现金支出。反之，如果现金有较多盈余，可以调整规划或计划，增加长期资产的投资，增强企业的后续发展实力。

实际工作中，企业要准确编制预算，首先应预计预算期产品的销售量，在此基础上编制销售预算，预计现金收入；然后，编制生产预算和费用预算，预计预算期的现金支出；最后编制现金预算。沙盘企业中，预算编制的程序与实际工作基本相同，但由于业务简化，可以采用简化的程序，即根据销售订单，先编制产品生产计划，再编制材料采购计划，最后编制现金预算。

(1) 生产计划。

沙盘企业中，编制生产计划的主要目的是为了确定产品投产的时间和投产的品种（当然也可以预计产品完工的时间），从而预计产品投产需要的加工费和原材料。生产计划主要包括产品生产及材料需求计划、开工计划、原材料需求计划等。

前面我们已经介绍，企业在参加订货会之前，为了准确计算新年产品的完工数量，已经根据自己的生产线情况编制了“产品生产及材料需求计划”。但是，由于取得的销售订单可能与预计有差异，企业有时需要根据取得的销售订单对产品生产计划进行调整，为此，就需要重新编制该计划。然后，企业根据确定的“产品生产及材料需求计划”，编制“开工计划”和“材料需求计划”。

“开工计划”是生产总监根据“产品生产及材料需求计划”编制的，它将各条生产线产品投产数量按产品加总，将分散的信息集中在一起，可以直观看出企业在每个季度投产了哪些产品，分别有多少，同时，根据产品的投产数量，能准确确定出每个季度投产产品所需要的加工费。财务总监根据该计划提供的加工费信息，作为编制现金预算的依据之一。

【例5-2】 接例5-1，根据“产品生产及材料需求计划”，编制该企业的“开工计划”。

从“产品生产及材料需求计划”可以看出，企业在第一季度投产1个P1，2个P2，共计投产3个产品，根据规则，每个产品上线需投入加工费1M，第一季度投产3个产品，需要3M的加工费。同样地，企业根据产品投产数量可以推算出第二、三、四季度需要的加工费。该企业编制的“开工计划”如表5-3所示。

表5-3　　开工计划

产品	第一季度	第二季度	第三季度	第四季度
P1	1			1
P2	2	1	2	1

续表

产品	第一季度	第二季度	第三季度	第四季度
P3				
P4				
人工费（M）	3	1	2	2

生产产品必须要有原材料，没有原材料，企业就无法进行产品生产。企业要保证材料的供应，就必须事先知道企业在什么时候需要什么材料、需要多少。企业可以根据“产品生产及材料需求计划”编制“材料需求计划”，确定企业在每个季度所需要的材料。“材料需求计划”可以直观反映企业在某一季度所需要的原材料数量，采购总监可以据此订购所需要的原材料，保证原材料的供应。

【例 5－3】 接例 5－1，根据“产品生产及材料需求计划”，生产总监编制该企业的“材料需求计划”（见表 5－4）。

表 5－4　　材料需求计划

产品	第一季度	第二季度	第三季度	第四季度	合计
R1	3	1	2	2	8
R2	2	1	2	1	6
R3					
R4					

（2）材料采购计划。

企业要保证材料的供应，必须提前订购材料。实际工作中，采购材料可能是现款采购，也可能是赊购。沙盘企业中，一般采用的是现款采购的规则。也就是说，订购的材料到达企业时，必须支付现金。

材料采购计划相当于实际工作中企业编制的“直接材料预算”，它是以生产需求计划为基础编制的。在编制材料采购计划时，主要应当注意三个问题：第一，订购的数量。订购材料的目的是为了保证生产的需要，如果订购过多，占用了资金，造成资金使用效率的下降；订购过少，不能满足生产的需要。所以，材料的订购数量应当以既能满足生产需要，又不造成资金的积压为原则，尽可能做到材料零库存。为此，应当根据原材料的需要量和原材料的库存数量，来确定企业材料的订购数量。第二，订购的时间。一般情况下，企业订购的材料当季度不能入库，要在下一季度或下两季度才能到达企业，为此，企业在订购材料时，应当考虑材料运输途中的时间，即材料提前订货期。第三，采购材料付款的时间和金额。采购的材料一般在入库时付款，付款的金额就是材料入库应支付的金额，如果订购了材料，就必须按期购买。当期订购的材料不需要支付现金。

企业编制材料采购计划，可以明确企业订购材料的时间，采购总监可以根据该计划订购材料，防止多订、少订、漏订材料，保证生产的需要。同时，财务总监根据该计划可以了解企业采购材料的资金需要情况，及时纳入现金预算，保证资金的供应。

【例 5－4】 接例 5－3，根据“材料需求计划”，采购总监编制该企业的材料采购计划。

从材料需求计划表可以看出，企业在每个季度都需要一定数量的 R1 和 R2 原材料，根据规则，R1 和 R2 材料的提前订货期均为一个季度，也就是说，企业需要提前一个季度订购原材料。比如，企业在本年第一季度需要 3 个 R1 和 2 个 R2，则必须在上年的第四季度订购。当上年第四季度订购的材料在本年第一季度入库时，需要支付材料款 5M。同样的，企业可以推算在每个季度需要订购的原材料以及付款的金额。据此，采购总监编制材料采购计划如表 5 -5 所示。

表 5 -5　　材料采购计划

材料	上年第四季度		第一季度		第二季度		第三季度		第四季度	
	订购	入库	订购	入库	订购	入库	订购	入库	订购	入库
R1	3		1	3	2	1	2	2		2
R2	2		1	2	2	1	1	2		1
R3										
R4										
材料款	—	—	—	5	—	2	—	4	—	3

（3）现金预算。

企业在经营过程中，常常出现现金短缺的“意外”情况，正常经营不得不中断，搞得经营者焦头烂额。其实，仔细分析我们会发现，这种“意外”情况的发生，不外乎两方面的原因：第一，企业没有正确编制预算，导致预算与实际严重脱节；第二，企业没有严格按计划进行经营，导致实际严重脱离预算。为了合理安排和筹集资金，企业在经营之前应当根据新年度计划编制现金预算。

现金预算是有关预算的汇总，由现金收入、现金支出、现金多余或不足、资金的筹集和运用四个部分组成。“现金收入”部分包括期初现金余额和预算期现金收入两部分构成。“现金支出”部分包括预算的各项现金支出。“现金多余或不足”是现金收入合计与现金支出合计的差额。差额为正，说明收入大于支出，现金有多余，可用于偿还借款或用于投资；差额为负，说明支出大于收入，现金不足，需要筹集资金或调整规划或计划，减少现金支出。“资金的筹集和运用”部分是当企业现金不足或富裕时，筹集或使用的资金。

沙盘企业中，企业取得销售订单后，现金收入基本确定。当企业的当年的投资和生产计划确定后，企业的现金支出也基本确定，所以，企业应该能够通过编制现金预算准确预计企业经营期的现金多余或不足，可以有效预防“意外”情况的发生。如果企业通过编制现金预算，发现资金短缺，而且通过筹资仍不能解决，则应当修订企业当年的投资和经营计划，最终使企业的资金满足需要。

“现金预算表”的格式有多种，可以根据实际需要自己设计。这里，我们介绍其中的一种，这种格式是根据沙盘企业的运营规则设计的。下面我们简要举例介绍“现金预算表”的编制。

【例 5 -5】　承前例，根据例 5 -1 至例 5 -4 以及下面的资料，编制该企业本年的现金预算表。

假设该企业有关现金预算资料如下：

年初现金：18M

上年应交税金：0

支付广告费：8M

应收款到期：第一季度 15M，第二季度 8M，第三季度 8M，第四季度 18M

年末偿还长期贷款利息：4M

年末支付设备维护费：2M

投资规划：从第一季度开始连续开发 P2 和 P3 产品，开发国内和亚洲市场，同时进行 ISO9000 和 ISO14000 认证，从第三季度开始购买安装两条全自动生产线。

产品生产及材料采购需要的资金见前面的“开工计划”和“材料采购计划”。

我们可以根据该规划，并结合生产和材料采购计划，编制该企业的现金预算表如 5 - 6 所示。

表 5 - 6　　现金预算表　　单位：M

项目	第一季度	第二季度	第三季度	第四季度
期初库存现金	18	13	14	4
支付上年应交税				
市场广告投入	8			
支付短期贷款利息				
支付到期短期贷款本金				
支付到期的应付款				
支付原料采购现金	5	2	4	3
支付生产线投资			8	8
支付转产费用				
支付产品加工费	3	1	2	2
收到现金前的所有支出	16	3	14	13
应收款到期收到现金	15	8	8	18
支付产品研发投资	3	3	3	3
支付管理费用	1	1	1	1
支付长期贷款利息				4
偿还到期的长期贷款				
支付设备维护费用				2
支付租金				
支付购买厂房款				
支付市场开拓投资				2
支付 ISO 认证投资				2
其他				
现金收入合计	15	8	8	18
现金支出合计	20	7	18	27
现金多余或不足（-）	13	14		-5
向银行借款				20
贴现收到现金				
期末现金余额	13	14	4	15

从上面编制的现金预算表我们可以看出，企业在第一、二、三季度收到现金前的支付都小于或等于期初的现金，而且期末现金都大于零，说明现金能满足需要。第三季度末，企业现金余额为 4，也就是说，第四季度期初库存现金为 4，但是，第四季度在收到现金前的现金支出为 13，小于可使用的资金，这样，企业必须在第三或第四季度初筹集资金。因为企业可以在每季度初借入短期借款，所以，企业应当在第四季度初贷入 20M 的短期贷款。

综上，企业为了合理组织和安排生产，在年初首先应当编制“产品生产及材料需求计划”，明确企业在计划期内根据产能所能生产的产品数量，营销总监可以根据年初库存的产品数量和计划年度的完工产品数量确定可接订单数量，并根据确定的可接订单数量参加产品订货会。订货会结束后，企业根据确定的计划年度产品销售数量安排生产。为了保证材料的供应，生产总监根据确定的生产计划编制“材料需求计划”，采购总监根据生产总监编制的“材料需求计划”编制“材料采购计划”。财务总监根据企业规划确定的费用预算、生产预算和材料需求预算编制现金预算，明确企业在计划期内资金的使用和筹集。企业年初计划的制订程序如图 5－1 所示。

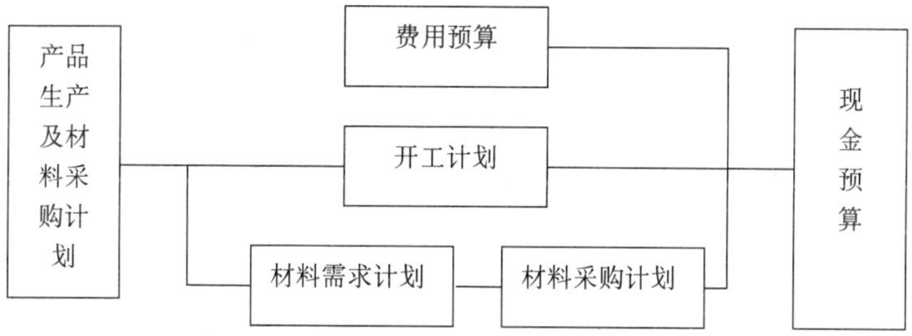

图 5－1　新年度计划制订流程图

5.1.4　支付应付税

依法纳税是每个公民应尽的义务。企业在年初应支付上年应交的税金。企业按照上年资产负债表中“应交税金”项目的数值交纳税金。交纳税金时，财务总监从现金库中拿出相应现金放在沙盘“综合费用”的“税金”处，并在运营任务清单对应的方格内记录现金的减少数。

5.2　沙盘模拟日常运营

企业制订新年度计划后，就可以按照运营规则和工作计划进行经营了。沙盘企业日常运营，应当按照一定的流程来进行，这个流程就是任务清单。任务清单反映了企业在运行过程中的先后顺序，必须按照这个顺序进行。

为了对沙盘企业的日常运营有一个详细的了解，这里，我们按照任务清单的顺序，对日常运营过程中的操作要点进行介绍。

5.2.1　季初盘点

为了保证账实相符，企业应当定期对企业的资产进行盘点。沙盘企业中，企业的资产主要包括现金、应收账款、原材料、在产品、产成品等流动资产，以及在建工程、生产线、厂房等固定资产。盘点的方法主要采用实地盘点法，就是对沙盘盘面的资产逐一清点，确定出实有数，然后，将任务清单上记录的余额与其核对，最终确定出余额。

盘点时，CEO 指挥、监督团队成员各司其职，认真进行。如果盘点的余额与账面数一致，各成员就将结果准确无误地填写在任务清单的对应位置。季初余额等于上一季度末余额，由于上一季度末刚盘点完毕，所以可以直接根据上季度的季末余额填列。

◆ 财务总监：根据上季度末的现金余额填写本季度初现金余额。第一季度现金账面余额的计算公式：年初现金余额 = 上年末库存现金 - 支付的本年广告费 - 支付上年应交的税金 + 其他收到的现金。

◆ 采购总监：根据上季度末库存原材料数填写本季度初库存原材料。

◆ 生产总监：根据上季度末库存在产品数量填写本季度初在产品数量。

◆ 营销总监：根据上季度末产成品数量填写本季度初产成品数量。

◆ CEO：在监督各成员正确完成以上操作后，在运营任务清单对应的方格内打“√”。

5.2.2 更新短期贷款/还本付息/申请短期贷款（民间贷款）

企业要发展，资金是保证。在经营过程中，如果缺乏资金，正常的经营可能都无法进行，更谈不上扩大生产和进行无形资产投资了。如果企业的经营活动正常，从长远发展的角度来看，应适度举债，“借鸡生蛋”。

沙盘企业中，企业筹集资金的方式主要是长期贷款和短期贷款。长期贷款主要用于长期资产投资，比如购买生产线、产品研发等，短期贷款主要解决流动资金不足的问题，两者应结合起来使用。短期贷款的借入、利息的支付和本金的归还都是在每个季度初进行的。其余时间要筹集资金，只能采取其他的方式，不能贷入短期贷款。

操作要点：

（1）财务总监。

◆ 更新短期贷款：将短期借款往现金库方向推进一格，表示短期贷款离还款时间更接近。如果短期借款已经推进现金库，则表示该贷款到期，应还本付息。

◆ 还本付息：财务总监从现金库中拿出利息放在沙盘“综合费用”的“利息”处；拿出相当于应归还借款本金的现金到交易处偿还短期借款。

◆ 申请短期贷款：如果企业需要借入短期借款，则财务总监填写“公司贷款申请表”到交易处借款。短期借款借入后，放置一个空桶在短期借款的第四账期处，在空桶内放置一张借入该短期借款信息的纸条，并将现金放在现金库中。

◆ 记录：在“公司贷款登记表”上登记归还的本金金额；在任务清单对应的方格内记录偿还的本金、支付利息的现金减少数；登记借入短期借款增加的现金数。

（2）CEO。

在监督财务总监正确完成以上操作后，在运营任务清单对应的方格内打“√”。

5.2.3 更新应付款/归还应付款

企业如果采用赊购方式购买原材料，就涉及应付账款。如果应付账款到期，必须支付货款。企业应在每个季度对应付款进行更新。

操作要点：

（1）财务总监。

◆ 更新应付款：将应付款向现金库方向推进一格，当应付款到达现金库时，表示应付款到期，必须用现金偿还，不能延期。

◆ 归还应付款：从现金库中取出现金付清应付款。

◆ 记录：在任务清单对应的方格内登记现金的减少数。

（2）CEO。

在监督财务总监正确完成以上操作后，在任务清单对应的方格内打"√"。本教材的规则中不涉及应付款，不进行操作。直接在任务清单对应的方格内打"×"。

5.2.4 原材料入库/更新原料订单

企业只有在前期订购了原材料，在交易处登记了原材料采购数量，企业才能购买原材料。每个季度，企业应将沙盘中的"原材料订单"向原材料仓库推进一格，表示更新原料订单。如果原材料订单本期已经推到原材料库，表示原材料已经到达企业，企业应验收入库材料，并支付相应的材料款。

操作要点：

（1）采购总监。

◆ 购买原材料：持现金和"采购登记表"在交易处买回原材料后，放在沙盘对应的原材料库中。

◆ 记录：在"采购登记表"中登记购买的原材料数量，同时在任务清单对应的方格内登记入库的原材料数量。

如果企业订购的原材料尚未到期，则采购总监在任务清单对应的方格内打"√"。

（2）财务总监。

◆ 付材料款：从现金库中拿出购买原材料需要的现金交给采购总监。

◆ 记录：在运营任务清单对应的方格内填上现金的减少数。

（3）CEO。

在监督财务总监和采购总监正确完成以上操作后，在任务清单对应的方格内打"√"。

原材料采购入库程序如图 5－2 所示。

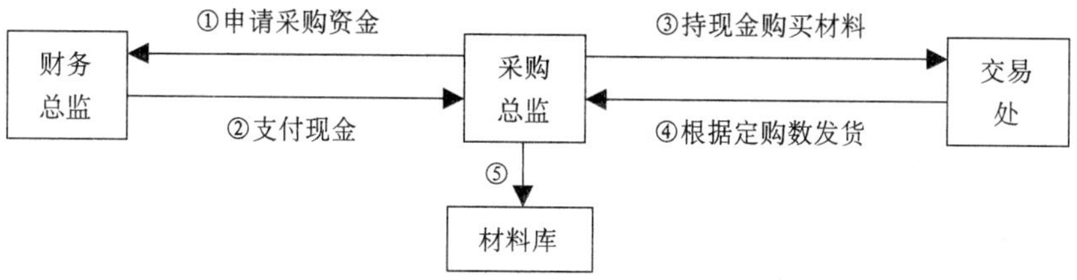

图 5－2 原材料采购入库程序图

5.2.5 下原料订单

企业购买原材料必须提前在交易处下原料订单，没有下订单不能购买。下原料订单不需要支付现金。

操作要点：

(1) 采购总监。

◆ 下原料订单：在"采购登记表"上登记订购的原材料品种和数量，在交易处办理订货的手续；将从交易处取得的原材料采购订单放在沙盘的"原材料订单"处。

◆ 记录：在任务清单对应的方格内记录订购的原材料数量。

(2) CEO。

在监督采购总监正确完成以上操作后，在任务清单对应的方格内打"√"。

5.2.6 更新生产/完工入库

一般情况下，产品加工时间越长，完工程度越高。企业应在每个季度更新生产。当产品完工后，应及时下线入库。

操作要点：

(1) 生产总监。

◆ 更新生产：将生产线上的在制品向前推一格。如果产品已经推到生产线以外，表示产品完工下线，将该产品放在产成品库对应的位置。

◆ 记录：在任务清单对应的方格内记录完工产品的数量。如果产品没有完工，则在运营任务清单对应的方格内打"√"。

(2) CEO。

在监督生产总监正确完成以上操作后，在任务清单对应的方格内打"√"。

5.2.7 投资新生产线/变卖生产线/生产线转产

企业要提高产能，必须对生产线进行改造，包括新购、变卖和转产等。新购的生产线安置在厂房空置的生产线位置；如果没有空置的位置，必须先变卖生产线。变卖生产线的目的主要是出于战略的考虑，比如将手工线换成全自动生产线等。如果生产线要转产，应当考虑转产周期和转产费。

操作要点：

(1) 投资新生产线。

①生产总监。

◆ 领取标识：在交易处申请新生产线标识，将标识翻转放置在某厂房空置的生产线位置，并在标识上面放置与该生产线安装周期期数相同的空桶，代表安装周期。

◆ 支付安装费：每个季度向财务总监申请建设资金放置在其中的一个空桶内。每个空桶内都放置了建设资金，表明费用全部支付完毕，生产线在下一季度建设完成。在全部投资完成后的下一季度，将生产线标识翻转过来，领取产品标识，可以投入使用（备注：手工线可在支付安装费当期使用）。

生产线投资程序如图 5－3 所示。

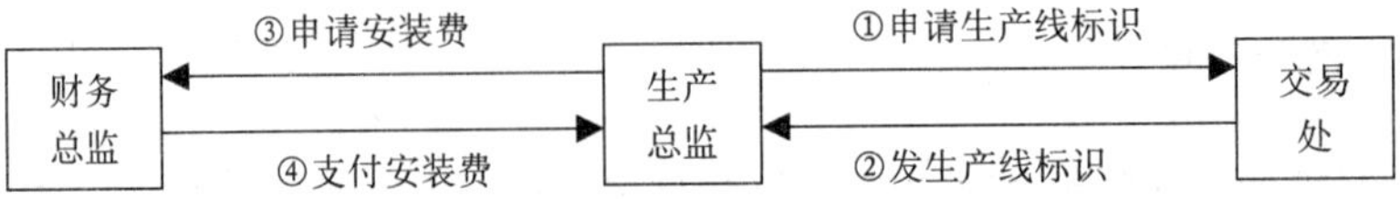

图 5－3 生产线投资程序

②财务总监。

◆ 支付生产线建设费：从现金库取出现金交给生产总监用于生产线的投资。

◆ 记录：在运营任务清单对应的方格内填上现金的减少数。

（2）变卖生产线。

①生产总监。

◆ 变卖：生产线只能按残值变卖。变卖时，将生产线及其产品生产标识交还给交易处，并将生产线的净值从“价值”处取出，将等同于变卖的生产线的残值部分交给财务总监，相当于变卖收到的现金。

◆ 净值与残值差额的处理：如果生产线净值大于残值，则将净值大于残值的差额部分，放在“综合费用”的“其他”处，表示出售生产线的净损失。

②财务总监。

◆ 收现金：将变卖生产线收到的现金，放在现金库。

◆ 记录：在运营任务清单对应的方格内记录现金的增加数。

（3）生产线转产。

①生产总监。

◆ 更换标识：持原产品标识在交易处更换新的产品生产标识，并将新的产品生产标识反扣在生产线的“产品标识”处，待该生产线转产期满可以生产产品时，再将该产品标识正面放置在“标识”处。

◆ 支付转产费：如果转产需要支付转产费，还应向财务总监申请转产费，将转产费放在“综合费用”的“转产费”处。

◆ 记录：正确完成以上全部操作后，在运营任务清单对应的方格内打“√”；如果不做上面的操作，则在运营任务清单对应的方格内打“×”。

②财务总监。

◆ 支付转产费：如果转产需要转产费，将现金交给生产总监。

◆ 记录：在运营任务清单对应的方格内登记支付转产费而导致的现金减少数。

③CEO。

在监督生产总监正确完成以上操作后，在运营任务清单对应的方格内打“√”。如果不做上面的操作，则在运营任务清单对应的方格内打“×”。

5.2.8　向其他企业购买原材料/出售原材料

企业如果没有下原料订单，就不能购买材料。如果企业生产急需材料，又不能从交易处购买，就只能从其他企业购买。当然，如果企业有暂时多余的材料，也可以向其他企业出售，收回现金。

（1）向其他企业购买原材料。

操作要点：

①采购总监。

◆ 谈判：在进行组间的原材料买卖时，首先双方要谈妥材料的交易价格，并采取一手交钱一手交货的方式进行交易。

◆ 购买原材料：本企业从其他企业处购买原材料，首先从财务总监处申请取得购买材料需要的现金，买进材料后，将材料放进原材料库。应当注意的是：材料的成本是企业从其他企业购买材料支付的价款，在计算产品成本时应按该成本作为领用材料的成本。

◆ 记录：在任务清单对应的方格内填上购入的原材料数量，并记录材料的实际成本。

②财务总监。

◆ 付款：将购买材料需要的现金交给采购总监。

◆ 记录：将购买原材料支付的现金数记录在任务清单对应的方格内。

(2) 向其他企业出售原材料。

操作要点：

①采购总监。

◆ 出售原材料：首先从原材料库取出原材料，收到对方支付的现金后将原材料交给购买方，并将现金交给财务总监。

◆ 记录：在任务清单对应的方格内填上因出售而减少的原材料数量。

②财务总监。

◆ 收现金：将出售材料收到的现金放进现金库。

◆ 交易收益的处理：如果出售原材料收到的现金超过购进原材料的成本，表示企业取得了交易收益，财务总监应当将该收益记录在利润表的“其他收入/支出”栏（为正数）。

◆ 记录：将出售原材料收到的现金数记录在任务清单对应的方格内。

③CEO。

在监督采购总监和财务总监正确完成以上操作后，在运营任务清单对应的方格内打“√”。如果不做上面的操作，则在运营任务清单对应的方格内打“×”。

5.2.9 开始下一批生产

企业如果有闲置的生产线，尽量安排生产。因为闲置的生产线仍然需要支付设备维护费、计提折旧，企业只有生产产品，并将这些产品销售出去，这些固定费用才能得到弥补。

操作要点：

(1) 生产总监。

◆ 领用原材料：从采购总监处申请领取生产产品需要的原材料。

◆ 加工费：从财务总监处申请取得生产产品需要的加工费。

◆ 上线生产：将生产产品所需要的原材料和加工费放置在空桶中（一个空桶代表一个产品），然后将这些空桶放置在空置的生产线上，表示开始投入产品生产。

◆ 记录：在任务清单对应的方格内登记投产产品的数量。

(2) 财务总监。

◆ 支付现金：审核生产总监提出的产品加工费申请后，将现金交给生产总监。

◆ 记录：在任务清单对应的方格内登记现金的减少数。

(3) 采购总监。

◆ 发放原材料：根据生产总监的申请，发放生产产品所需要的原材料。

◆ 记录：在运营任务清单对应的方格内登记生产领用原材料导致原材料的减少数。

(4) CEO。

在监督正确完成以上操作后，在任务清单对应的方格内打“√”。

5.2.10 更新应收款/应收款收现

沙盘企业中，企业销售产品一般收到的是“欠条”——应收款。每个季度，企业应将应收款向现金库方向推进一格，表示应收款账期的减少。当应收款被推进现金库时，表示应收款到期，企业应持应收款凭条到交易处领取现金。

操作要点：

（1）财务总监。

◆ 更新应收款：将应收款往现金库方向推进一格。当应收款推进现金库时，表示应收款到期。

◆ 应收款收现：如果应收款到期，持“应收账款登记表”、任务清单和应收款凭条到交易处领回相应现金。

◆ 记录：在运营任务清单对应的方格内登记应收款到期收到的现金数。

（2）CEO。

在监督正确完成以上操作后，在运营任务清单对应的方格内打“√”。

5.2.11 出售厂房

企业如果需要筹集资金，可以出售厂房，厂房按原值出售。出售厂房当期不能收到现金，只能收到一张 4 账期的应收款凭条。年末时，如果没有厂房，必须支付租金。

操作要点：

（1）生产总监。

◆ 出售厂房：企业出售厂房时，将厂房价值拿到交易处，领回 40M 的应收款凭条，交给财务总监。

◆ 记录：在任务清单对应的方格内打“√”。

（2）财务总监。

◆ 收到应收款凭条：将收到的应收款凭条放置在沙盘应收款的 4Q 处。

◆ 记录：在“应收账款登记表”上登记收到的应收款的金额和账期，在任务清单对应的方格内打“√”。

（3）CEO。

在监督正确完成以上操作后，在任务清单对应的方格内打“√”。

5.2.12 向其他企业购买成品/出售成品

企业参加产品订货会时，如果取得的销售订单超过了企业最大生产能力，当年不能按订单交货，则构成违约，按规则将受到严厉的惩罚。为此，企业可以从其他企业购买产品来交单。当然，如果企业有库存积压的产品，也可以向其他企业出售。

（1）向其他企业购买产品。

操作要点：

①营销总监。

◆ 谈判：在进行组间的产品买卖时，首先双方要谈妥产品的交易价格，并采取一手交钱一手交货的方式进行交易。

◆ 购买：从财务总监处申请取得购买产品所需要的现金，买进产品后，将产品放置在对应的产品库。注意：购进的产品成本应当是购进时支付的价款，在计算产品销售成本时应当按该成本计算。

◆ 记录：在任务清单对应的方格内记录购入的产品数量。

②财务总监。

◆ 付款：根据营销总监的申请，审核后，支付购买材料需要的现金。

◆ 记录：将购买产品支付的现金数记录在运营任务清单对应的方格内。

（2）向其他企业出售产品。

操作要点：

①营销总监。

◆ 出售：从产品库取出产品，从对方取得现金后将产品交给购买方，并将现金交给财务总监。

◆ 记录：由于出售导致产品的减少，所以，营销总监应在运营任务清单对应的方格内填上因出售而减少的产品数量。

②财务总监。

◆ 收到现金：将出售产品收到的现金放进现金库。

◆ 出售收益的处理：如果出售产品多收到了现金，即组间交易出售产品价格高于购进产品的成本，表示企业取得了交易收益，应当在编制利润表时将该收益记录在利润表的"其他收入/支出"栏（为正数）。

◆记录：将出售产品收到的现金数记录在任务清单对应的方格内。

③CEO。

在监督营销总监和财务总监正确完成以上操作后，在运营任务清单对应的方格内打"√"。如果不做上面的操作，则在运营任务清单对应的方格内打"×"。

5.2.13 按订单交货

企业只有将产品销售出去才能实现收入，也才能收回垫支的成本。产品生产出来后，企业应按销售订单交货。

操作要点：

（1）营销总监。

◆ 销售：销售产品前，首先在"订单登记表"中登记销售订单的销售额，计算出销售成本和毛利，之后，将销售订单和相应数量的产品拿到交易处销售。销售后，将收到的应收款凭条或现金交给财务总监。

◆ 记录：在完成上述操作后，在运营任务清单对应的方格内打"√"。如果不做上面的操作，则在任务清单对应的方格内打"×"。

（2）财务总监。

◆ 收到销货款：如果销售取得的是应收款凭条，则将凭条放在应收款相应的账期处；如果取得的是现金，则将现金放进现金库。

◆ 记录：如果销售产品收到的是应收款凭条，在"应收账款登记表"上登记应收款的金额；如果收到现金，在任务清单对应的方格内登记现金的增加数。

（3）CEO。

在监督营销总监和财务总监正确完成以上操作后，在运营任务清单对应的方格内打“√”。如果不做上面的操作，则在运营任务清单对应的方格内打“×”。

5.2.14 产品研发投资

企业要研发新产品，必须投入研发费用。每季度的研发费用在季末一次性支付。当新产品研发完成，企业在下一季度可以投入生产。

操作要点：

（1）营销总监。

◆ 研发投资：企业如果需要研发新产品，则从财务总监处申请取得研发所需要的现金，放置在产品研发对应位置的空桶内。如果产品研发投资完成，则从交易处领取相应产品的生产资格证放置在“生产资格”处。企业取得生产资格证后，从下一季度开始，可以生产该产品。

◆ 记录：在运营任务清单对应的方格内打“√”。

（2）财务总监。

◆ 支付研发费：根据营销总监提出的申请，审核后，用现金支付。

◆ 记录：如果支付了研发费，则在运营任务清单对应的方格内登记现金的减少数。

（3）CEO。

在监督完成以上操作后，在运营任务清单对应的方格内打“√”。如果不做上面的操作，则在运营任务清单对应的方格内打“×”。

5.2.15 支付行政管理费

企业在生产经营过程中，会发生诸如办公费、人员工资等管理费用。沙盘企业中，行政管理费在每季度末一次性支付1M，无论企业经营情况好坏、业务量多少，都是固定不变的，这是与实际工作的差异之处。

操作要点：

（1）财务总监。

◆ 支付管理费：每季度从现金库中取出1M现金放置在综合费用的“管理费”处。

◆ 记录：在任务清单对应的方格内登记现金的减少数。

（2）CEO。

在监督完成以上操作后，在运营任务清单对应的方格内打“√”。

5.2.16 其他现金收支情况登记

企业在经营过程中，可能会发生除上述外的其他现金收入或支出，企业应将这些现金收入或支出进行记录。

操作要点：

（1）财务总监。企业如果有其他现金增加和减少情况，则在运营任务清单对应的方格内登记现金的增加或减少数。

（2）CEO。

在监督完成以上操作后，在运营任务清单对应的方格内打“√”。如果不做上面的操作，则在任务清单对应的方格内打“×”。

5.2.17 季末盘点

每季度末，企业应对现金、原材料、在产品和产成品进行盘点，并将盘点的数额与账面结存数进行核对，如果账实相符，则将该数额填写在任务清单对应的方格内；如果账实不符，则找出原因后再按照实际数填写。

余额的计算公式为：

现金余额 = 季初余额 + 现金增加额 - 现金减少额

原材料库存余额 = 季初原材料库存数量 + 本期原材料增加数量 - 本期原材料减少数

在产品余额 = 季初在产品数量 + 本期在产品投产数量 - 本期完工产品数量

产成品余额 = 季初产成品数量 + 本期产成品完工数量 - 本期产成品销售数量

操作要点：

（1）出纳盘点现金，也就是清点现金库的现金，该现金数应等于账面计算的余额。如无误，将盘点数填写在表内对应栏内。如有差异，应找出原因，核实后再填写。

（2）采购总监盘点原材料，也就是清点材料库中的材料数量。该数量应该等于账面结存余额。如有差异，应找出原因，核实后再填写。

（3）生产总监盘点在产品，也就是生产线上的在产品数量。该数量应该等于账面结存余额。如有差异，应找出原因，核实后再填写。

（4）营销总监盘点产成品，也就是清点产品库中的产品数量。该数量应该等于账面结存余额。如有差异，应找出原因，核实后再填写。

5.3 沙盘企业年末工作

企业日常经营活动结束后，年末，企业还应当进行年末账项的计算和结转，编制各种报表，计算当年的经营成果，反映当前的财务状况，并对当年的经营情况进行分析总结。

5.3.1 支付利息/更新长期贷款/申请长期贷款

企业为了发展需要，可能需要借入长期贷款。长期贷款主要是用于长期资产投资，比如购买生产线、产品研发等。沙盘企业中，长期贷款只能在每年年末进行，贷款期限在一年以上，每年年末付息一次，到期还本。本年借入的长期借款下年末支付利息。

操作要点：

（1）财务总监。

◆ 支付利息：根据企业已经借入的长期借款计算本年应支付的利息，之后，从现金库中取出相应的利息放置在综合费用的“利息”处。

◆ 更新长期贷款：将长期借款往现金库推进一格，表示偿还期的缩短。如果长期借款已经被推至现金库中，表示长期借款到期，应持相应的现金和“贷款登记表”到交易处归还该借款。

◆ 申请长期贷款：持上年报表和“贷款申请表”到交易处，经交易处审核后发放贷款。

收到贷款后，将现金放进现金库中；同时，放一个空桶在长期贷款对应的账期处，空桶内写一张注明贷款金额、账期和贷款时间的长期贷款凭条。

如果长期贷款续贷，财务总监持上年报表和“贷款申请表”到交易处办理续贷手续。之后，同样放一个空桶在长期贷款对应的账期处，空桶内写一张注明贷款金额、账期和贷款时间的凭条。

◆ 记录：在任务清单对应的方格内登记因支付利息、归还本金导致的现金减少数，以及借入长期借款增加的现金数。

申请长期贷款的程序如图 5－4 所示。

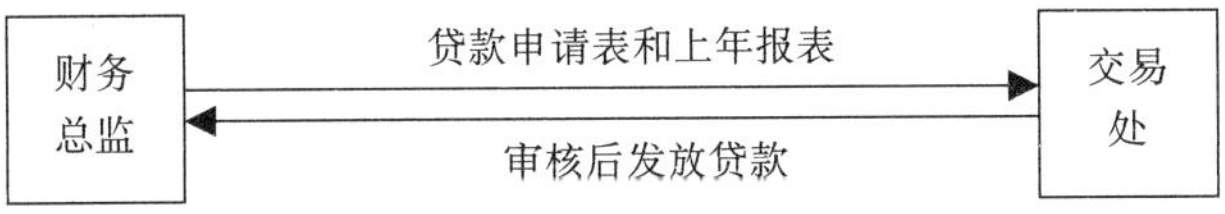

图 5－4 申请长期贷款程序

（2）CEO。

在监督财务总监完成以上操作后，在运营任务清单对应的方格内打“√”。如果不做上面的操作，则在运营任务清单对应的方格内打“×”。

5.3.2 支付设备维护费

设备使用过程中会发生磨损，要保证设备正常运转，需要进行维护。设备维护会发生诸如材料费、人工费等维护费用。沙盘企业中，只有生产线需要支付维护费。年末，只要有生产线，无论是否生产，都应支付维护费。尚未安装完工的生产线不支付维护费。设备维护费每年年末用现金一次性集中支付。

操作要点：

（1）财务总监。

◆ 支付维护费：根据期末现有完工的生产线支付设备维护费。支付设备维护费时，从现金库中取出现金放在综合费用的“维护费”处。

◆ 记录：在任务清单对应的方格内登记现金的减少数。

（2）CEO。

在监督财务总监完成以上操作后，在运营任务清单对应的方格内打“√”。

5.3.3 支付租金/购买厂房

企业要生产产品，必须要有厂房。厂房可以购买，也可以租用。年末，企业如果在使用没有购买的厂房，则必须支付租金；如果不支付租金，则必须购买。

操作要点：

（1）财务总监。

◆ 支付租金：从现金库中取出现金放在综合费用的“租金”处。

◆ 购买厂房：从现金库中取出购买厂房的现金放在厂房的“价值”处。

◆ 记录：在任务清单对应的方格内登记支付租金或购买厂房减少的现金数。

（2）CEO。

在监督财务总监完成以上操作后，在运营任务清单对应的方格内打“√”。如果不做上面的操作，则在运营任务清单对应的方格内打“×”。

5.3.4 计提折旧

固定资产在使用过程中会发生损耗，导致价值降低，应对固定资产计提折旧。沙盘企业中，固定资产计提折旧的时间、范围和方法可以与实际工作一致，也可以采用简化的方法。本教材沙盘规则采用了简化的处理方法，与实际工作有一些差异。这些差异主要表现在：折旧在每年年末计提一次，计提折旧的范围仅仅限于生产线，折旧的方法采用直线法取整计算。在会计处理上，折旧费全部作为当期的期间费用，没有计入产品成本。

操作要点：

（1）财务总监。

◆ 计提折旧：根据规则对生产线计提折旧。本教材采用的折旧规则是按生产线净值的1/3向下取整计算。比如，生产线的净值为10，折旧为3；净值为8，折旧为2。计提折旧时，根据计算的折旧额从生产线的“价值”处取出相应的金额放置在综合费用旁的“折旧”处。

◆ 记录：在运营任务清单对应的方格内登记折旧的金额。注意，在计算现金支出时，折旧不能计算在内，因为折旧并没有减少现金。

（2）CEO。

在监督财务总监完成以上操作后，在运营任务清单对应的方格内打“√”。

5.3.5 新市场开拓/ISO资格认证投资

企业要扩大产品的销路必须开发新市场。不同的市场，开拓所需要的时间和费用是不同的。同时，有的市场对产品有ISO资格认证要求，企业需要进行ISO资格认证投资。沙盘企业中，每年开拓市场和ISO资格认证的费用在年末一次性支付，计入当期的综合费用。

操作要点：

（1）营销总监。

◆ 新市场开拓：从财务总监处申请开拓市场所需要的现金，放置在沙盘所开拓市场对应的位置。当市场开拓完成，年末持开拓市场的费用到交易处领取“市场准入”的标识，放置在对应市场的位置上。

◆ ISO资格认证投资：从财务总监处申请ISO资格认证所需要的现金，放置在ISO资格认证对应的位置。当认证完成，年末持认证投资的费用到交易处领取“ISO资格认证”标识，放置在沙盘对应的位置。

◆ 记录：进行了市场开拓或ISO认证投资，在运营任务清单对应的方格内打“√”，否则，打“×”。

（2）财务总监。

◆ 支付费用：根据营销总监的申请，审核后，将市场开拓和ISO资格认证所需要的现金支付给营销总监。

◆ 记录：在任务清单对应的方格内记录现金的减少数。

（3）CEO。

在监督营销总监和财务总监完成以上操作后，在运营任务清单对应的方格内打“√”。

5.3.6　编制报表

沙盘企业每年的经营结束后，应当核算成本，计算当期损益，编制相关会计报表，及时反映当年的财务状况和经营成果。在沙盘企业中，主要编制产品核算统计表、综合费用计算表、利润表和资产负债表。

（1）产品核算统计表。

产品核算统计表是核算企业在经营期间销售各种产品情况的报表，它可以反映企业在某一经营期间产品销售数量、销售收入、产品销售成本和毛利情况，是编制利润表的依据之一。产品核算统计表的格式如表 5－7 所示。

表 5－7　　产品核算统计表

项目	P1	P2	P3	P4	合计
数量					
销售额					
成本					
毛利					

产品核算统计表是企业根据企业实际销售情况编制的，其数据来源于“订单登记表”。在前面我们已经介绍，企业在取得销售订单后，营销总监应及时登记订单情况，当产品实现销售后，应及时登记产品销售的销售额、销售成本，并计算该产品的毛利。年末，企业经营结束后，营销总监根据订单登记表，分产品汇总各种产品的销售数量、销售额、销售成本和毛利，并将汇总结果填列在“产品核算统计表”中。

之后，营销总监将“产品核算统计表”交给财务总监，财务总监根据“产品核算统计表”中汇总的数据，登记利润表中的“销售收入”、“直接成本”和“毛利”栏。

（2）综合费用计算表。

综合费用计算表是综合反映在经营期间发生的各种除产品生产成本、财务费用外的其他费用。根据沙盘上的“综合费用”处的支出进行填列，其格式如表5－8所示。

表 5－8　　综合管理费用明细表

项目	金额	备注
管理费		
广告费		
设备保养费		
租　金		
转产费		
市场准入开拓		□区域　□国内　□亚洲　□国际
ISO 资格认证		□ISO9000　□ISO14000
产品研发		P2（　）　P3（　）　P4（　）
其　他		
合　计		

综合费用计算表的填制方法如下：

“管理费”项目根据企业当年支付的行政管理费填列。企业每季度支付1M的行政管理费，全年共支付行政管理费4M。

“广告费”项目根据企业当年年初的“广告登记表”中填列的广告费填列。

“设备保养费”项目根据企业实际支付的生产线保养费填列。根据规则，只要生产线建设完工，不论是否生产，都应当支付保养费。

“租金”项目根据企业支付的厂房租金填列。

“转产费”根据企业生产线转产支付的转产费填列。

“市场准入开拓”根据企业本年开发市场支付的开发费填列。为了明确开拓的市场，需要在“备注”栏本年开拓的市场前划“√”。

“ISO资格认证”项目根据企业本年ISO认证开发支付的开发费填列。为了明确认证的种类，需要在“备注”栏本年认证的名称前划“√”。

“产品研发”项目根据本年企业研发产品支付的研发费填列。为了明确产品研发的品种，应在“备注”栏产品的名称前划“√”。

“其他”项目主要根据企业发生的其他支出填列。比如，出售生产线净值大于残值的部分等。

（3）利润表。

利润表是反映企业一定期间经营状况的会计报表。利润表把一定期间内的营业收入与其同一期间相关的成本费用相配比，从而计算出企业一定时期的利润。通过编制利润表，可以反映企业生产经营的收益情况、成本耗费情况，表明企业生产经营成果。同时，通过利润表提供的不同时期的比较数字，可以分析企业利润的发展趋势和获利能力。利润表的基本格式如表5-9所示。

表5-9　　利　润　表

项目	上年数	本年数
销售收入		
直接成本		
毛　利		
综合费用		
折旧前利润		
折　旧		
支付利息前利润		
财务收入/支出		
其他收入/支出		
税前利润		
所得税		
净利润		

利润表的编制方法如下：

利润表中“上年数”栏反映各项目的上年的实际发生数，根据上年利润表的“本年数”

填列。

利润表中“本年数”栏反映各项目本年的实际发生数，根据本年实际发生额的合计填列。其中：

“销售收入”项目，反映企业销售产品取得的收入总额。本项目应根据“产品核算统计表”填列。

“直接成本”项目，反映企业本年已经销售产品的实际成本。本项目应根据“产品核算统计表”填列。

“毛利”项目，反映企业销售产品实现的毛利。本项目是根据销售收入减去直接成本后的余额填列。

“综合费用”项目反映企业本年发生的综合费用，根据“综合费用表”的合计数填列。

“折旧前利润”项目反映企业在计提折旧前的利润，根据毛利减去综合费用后的余额填列。

“折旧”反映企业当年计提的折旧额，根据当期计提的折旧额填列。

“支付利息前的利润”项目，反映企业支付利息前实现的利润，根据折旧前利润减去折旧后的余额填列。

“财务收入/支出”项目反映企业本年发生的财务收入或者财务支出，比如借款利息、贴息等。本项目根据沙盘上的“利息”填列。

“其他收入/支出”项目反映企业其他业务形成的收入或者支出，比如出租厂房取得的收入等。

“税前利润”项目反映企业本年实现的利润总额。本项目根据“支付利息前的利润”加财务收入减去财务支出，再加上其他收入减去其他支出后的余额填列。

“所得税”项目反映企业本年应交纳的所得税费用，本项目根据税前利润除以 3 取整后的数额填列。

“净利润”项目反映企业本年实现的净利润，本项目根据税前利润减去所得税后的余额填列。

（4）资产负债表。

资产负债表是反映企业某一特定日期财务状况的会计报表。它是根据“资产 = 负债 + 所有者权益”的会计等式编制的。简化的资产负债表的结构见表 5－10 所示。

表 5－10　　资产负债表

资产	期初数	期末数	负债和所有者权益	期初数	期末数
流动资产：			负债：		
现金			长期负债		
应收款			短期负债		
在产品			应付账款		
成品			应交税金		
原料			一年内到期的长期负债		
流动资产合计			负债合计		
固定资产：			所有者权益：		

续表

资产	期初数	期末数	负债和所有者权益	期初数	期末数
土地和建筑			股东资本		
机器与设备			利润留存		
在建工程			年度净利		
固定资产合计			所有者权益合计		
资产总计			负债和所有者权益总计		

从资产负债表的结构可以看出，资产负债表由年初数和年末数两个栏目组成。资产负债表的“年初数”栏各项目数字，应根据上年末资产负债表“期末数”栏内所列数字填列。

资产负债表的“期末数”栏各项目主要是根据有关项目期末余额资料编制，其数据的来源主要通过以下几种方式取得：

资产类项目主要根据沙盘盘面的资产状况通过盘点后的实际金额填列。

负债类项目中的“长期负债”和“短期负债”根据沙盘上的长期借款和短期借款数额填列，如果有将于一年内到期的长期负债，应单独反映。

“应交税金”项目根据企业本年“利润表”中的“所得税”项目的金额填列。

所有者权益类中的股东权益项目，如果本年股东没有增资的情况下，直接根据上年末“利润表”中的“股东资本”项目填列，如果发生了增资，则为上年末的股东资本加上本年增资的资本。

“利润留存”项目根据上年利润表中的“利润留存”和“年度净利”两个项目的合计数填列。

“年度净利”项目根据“利润表”中的“净利润”项目填列。

5.3.7 结账

一年经营结束，年终要进行一次“盘点”，编制“综合管理费用明细表”“资产负债表”和“利润表”。一经结账后，本年度的经营也就结束了，本年度所有的经营数据就不能随意更改了。结账后，在运营任务清单对应的方格内打“√”。

5.3.8 反思与总结

经营结束后，CEO应召集团队成员对当年的经营情况进行分析，分析决策的成功与失误，分析经营的得与失，分析实际与计划的偏差及其原因等。

记住：用心进行总结，用笔进行记录，勇敢面对挑战，阔步向前！

现在，让我们与你的团队一起，按照本书附录的表格开始体验之旅吧！

本章小结

现代企业经营，必须遵循规则，优化流程。沙盘企业经营，同样要熟悉规则和流程。本章主要介绍沙盘企业经营中如何操作的问题，包括年初制订战略规划和年度计划，年中严格按照规则和计划经营，年末为了反映企业的财务状况和经营情况，如何编制相关会计报表。

第 6 章

制胜宝典

ERP 沙盘模拟经营，与现实企业经营一样，真正要经营好，需要付出艰辛的努力，需要有大智慧和高技巧，需要理性地分析和正确地决策，需要团队的精诚团结和鼎力合作，需要认真细致地做好每一项工作。

企业经营是一项系统工程，好比一台运转的机器，要正常地运转，需要各个部件的协调配合，哪怕是一颗不起眼的螺丝钉出现问题，都可能导致整部机器不能正常运转。所以，要在沙盘经营中取得好成绩，需要多方面的协调配合。CEO 要统揽全局，科学指挥，制定科学的发展规划，加强过程监管，加强队伍的情绪控制，预防差错的发生。

本章将对企业经营中应当注意的问题进行总结，旨在提示沙盘企业经营者，乃至实际企业经营者在经营过程中应当把握的关键点。

本章重点

- ◆ 团队构建
- ◆ 战略规划
- ◆ 财务预算
- ◆ 资金筹集
- ◆ 市场营销
- ◆ 生产制造

6.1 团队篇

很多人喜欢看电视剧《亮剑》，喜欢李云龙的亮剑精神。什么是亮剑精神？就是面对强大的对手，明知不敌，也要毅然亮剑，即使倒下，也要成为一座山，一道岭！这就是亮剑精神。在 ERP 沙盘模拟经营中，我们需要亮剑精神，需要团队精诚合作精神。记得《亮剑》里面有句话：“单兵作战，靠的是能力；团队作战，靠的是纪律。”ERP 沙盘模拟经营是团队经营，必须依靠团队成员的智慧，依靠大家的密切配合，依靠大家的团结协作，依靠大家的相互鼓励和支持。

6.1.1 默契配合 战无不胜

一个组织是否成熟，明显的标志就是看他有没有能力形成并运用组织的智慧。沟通、协作和群体意识在企业竞争中的作用越来越被有远见的组织所关注。企业需要走出独断决策的传统误区，因为仅仅依靠特殊资源构建竞争优势的老路已经走到了尽头，企业的竞争越来越趋向于组织整体智慧的较量。

沙盘模拟经营中，在巨大的竞争压力和时间压力下，要想取胜必须是能力超群的高效团队，团队个体之间优势互补，在领头人的带领下，运用团队智慧，在有限的时间内，对环境变化做出准确的判断和正确的决策，然后成员之间相互配合、相互监督、相互提醒，为了目标，不折不扣执行计划；为了目标，同患难，共荣辱。这个团队，劲儿往一处使，心往一处想，默契配合，形成一个不可分割的整体。那怎样才能构建这样一个团队呢？经过多年的实践经验，我们认为有以下途径：

第一，团队构建时应当考虑专业互补、性别搭配、性格互补、相互包容。沙盘模拟经营团队的组建，有很多偶然因素，但总结起来，优秀的团队总是有一些共性。比如，这个团队应有一个核心的成员，这个核心成员应当是团队的精神领袖，具有较强的人格魅力和号召力，精湛的业务能力，其他成员都自觉围绕在核心成员周围。注意，这个核心成员不能太强势，如果太强势，可能就听不进其他成员的不同意见，所以，我这里非常强调核心成员的人格魅力和领袖气质。一个团队中，比较忌讳多个核心。核心成员可能是团队的召集者，也可能是后来慢慢形成的。其他成员的搭配尽可能专业适当分散，专业与角色尽可能一致，特别是财务和营销人员。在性格上，团队成员应当有稳重的，有活跃的，但尽可能不能有太内向和太外向的。一般来说，财务总监、生产总监和采购总监性格偏稳重更好，CEO 和营销总监偏外向更好，因为他们承担的压力会更大一些。从性别上来说，男女搭配更好，如果一定要说一个比例的话，3 男 2 女是最佳的搭配。当然，这仅仅是经验，没有任何理论依据。特别重要的是，一个优秀的团队，成员之间相互包容，有大度的心是非常重要的。

第二，团队成员业务精湛，爱专研沙盘。常言说得好：兴趣是最好的老师。只有喜爱沙盘，才会不厌其烦地投入时间和精力去研究、去思考沙盘模拟经营中的各种问题，也才能业务精通。沙盘模拟经营，它和现实企业经营一样，是理性的，需要用数据说话，用数据决策，需要一定的方法和技巧，决不是靠碰运气。所以，作为一个优秀的团队，每一位成员既要熟悉沙盘经营的所有规则和操作要领，能站在全局思考分析问题，更应精通自己分管的业务，无论局势发生怎样的变化，总能找出方法灵活应对。

第三，多配合，增进了解，形成默契。团队成员之间相互要形成默契，不是一朝一夕的，它需要相互的信任和理解，多沟通、多交流、多配合，特别是共同经历过沙盘模拟经营的沉沉浮浮、起起落落之后，大家的心才会更加紧密地贴在一起。日常生活和学习中，大家尽可能多聚在一起，比如一起吃饭，一起参加体育活动，一起逛街，一起游戏等等，通过活动相互之间加深理解，增进情谊，最终形成默契。

6.1.2 迎难而上 永不言弃

不经历风雨，怎能见彩虹？在沙盘世界，我们会遇到很多困难和挑战，特别是当我们初识沙盘，兴致很浓的时候，由于技不如人，我们往往是失误再失误、失败再失败，这个时候，我们体验到的更多的不是胜利的喜悦，而是不明失败带给我们的失落，有时候可能是颓废，直至放弃。放弃的人主要有两种：一是不喜欢沙盘的人，二是对自己没有信心的人。不喜欢沙盘的人，放弃可以理解，人各有志。如果是对自己没有信心而放弃，等于放弃人生。沙盘如人生，人生之路布满荆棘和坎坷，消极懦弱注定失败，积极勇敢最终成就人生辉煌。人生只有一条路不能选择，那就是放弃的路；只有一条路不能拒绝，那就是成功的路。人在，信念在；只要不放弃，就有希望。

有志者，事竟成；破釜沉舟，百二秦关终归楚；苦心人，天不负；卧薪尝胆，三千越甲可吞吴。成功只属于心怀信念、永不放弃、坚忍不拔之人。作为沙盘经营者，如同经营自己的人生，当面对困难，面对挫折时，我们应当勇敢面对，反省失误的原因，找出我们的弱点和短处，一个问题一个问题解决；同时，认真分析对手胜利的原因，虚心学习对手的长处和优点。每一次失误，只要认真总结，我们都是一次很好的学习机会，一次提升自己的机会。只有在失误中不断总结，发现自己的问题，并且分析和解决问题，我们的水平才能不断提高。所以，如果我们失败了，要勇敢地对自己说，没关系，还有下次。当我们自己已经做到最好的时候，做到完美无缺的时候，我们其实已经胜利了，因为我们战胜了自己。

知难而上，永不言弃，这是一种精神。

6.1.3 平常心 跳出沙盘看世界

目前，沙盘模拟大赛很多，它为同学们和沙盘爱好者搭建起了一个学习和交流的平台，这是非常好的事情。但是，很多参赛者把结果看得太重，只要没有取得好的成绩就感到无地自容，好像自己就是一个失败者。这里，我们忽略了一件事，那就是我们到底为什么学习沙盘？为什么参加比赛？难道仅仅是为了一个名次和荣誉？如果是这样，我想这是我们教育者的悲哀。

沙盘是一个学习的工具，利用这个工具感悟并学习企业经营管理知识，这是我们的初衷。比赛，仅仅是检验我们学习效果的一个手段，仅此而已。如果我们不能保持良好的心态，不能保持学习的心态，那无论我们走多远，都是失败。沙盘如人生，只有当我们保持一颗平常心，我们才能静下心来看世界，才能静下心来欣赏路上的美景，才不会迷失我们前进的方向。

沙盘如人生。沙盘经营中，我们会遇到很多困难和挫折，就如我们的人生，我们只有克服这些困难，解决遇到的问题，我们才会进步。沙盘模拟经营水平的提高是一个渐进的过程，就好比人生也必须一步一步走好，最后才会成功。我们不要担心短时间内没有弄清楚所有的问题，当我们遇到问题，然后一个一个地解决掉以后，其实，我们收获的，远远大于一个比赛的名次。

平常心面对沙盘，平常心面对每一次失误，平常心面对我们的人生，我们才不会迷失方向，我们才会走得更远。

6.2 谋略篇

6.2.1 战略思维

战略思维是指思维主体（个人或集团）对关系事物全局的、长远的、根本性的重大问题的谋划（分析、综合、判断、预见和决策）的思维过程。战略思维作为一个系统整体包含三大组成部分：其一，主体对战略问题的思考和谋划；其二，战略思维的产品，包括形成战略目标、战略计划、战略方针等；其三，战略计划的实施、反馈和战略修正。现代职业经理人应当树立基于现实的未来意识，才能回归责任与诚信，管理者的价值才能得以体现。沙盘模拟企业，从创立到发展壮大，每个企业的情形很难想通，这其实取决于每个企业管理者的战略思考和布局。所以，沙盘模拟经营应当具有战略思维意识，只有建立战略思维，我们才会想得更全面，想得更远，我们的战略和战术才会正确有效，我们才会在谋求当期现实利益基础上做出为将来发展负责的决策。

6.2.2 战略规划

沙盘企业经营的成败，很大程度上与企业的战略规划密切相关。规划，从某种程度上来说，就是使自己的团队知道自己要做什么，什么时候做，怎样做，做或不做对企业有什么影响。在实际经济生活中，战略规划涉及的面很宽，但对于沙盘企业而言，主要包括市场和ISO认证开发规划、生产线购买或出售规划、产品开发规划、产品生产规划等几个方面。为了提高规划直观性，我们可以借助企业战略规划表（见表6－1）来进行。

表6－1　　企业战略规划表

年份 项目	第一年				第二年				第三年				第四年			
	1	2	3	4	1	2	3	4	1	2	3	4	1	2	3	4
产品开发																
市场开发																
ISO认证																
生产线投资																
厂房																
贷款																

通过企业战略规划表，可以明确企业在某年某个季度开展的工作。战略规划从时间上划分，包括中长期规划和短期规划。中长期规划一般在五年以上，短期规划一般为一年。沙盘企业的规划应当长短期结合，长期规划明确我们的方向，短期规划明确我们在什么时候做什么。短期战略规划应当在每年年初进行。

（1）市场开发规划。进行市场开发规划，首先要明确几个问题：企业为什么要进行开发市场？应当开发哪些市场？什么时候开发？是否是市场开发越多对企业就越有利？

我们知道：如果产品只在一个市场销售，则产品的销量会非常有限；如果所有的企业将同类的产品放在同一个市场销售，竞争就会非常惨烈。所以，企业要扩大产品销售，必须扩大产品的销售市场。在沙盘企业，产品的销售市场包括本地市场、区域市场、国内市场、亚洲市场和国际市场五个市场，每个市场开发周期不同，开发费用不相同。

企业在确定市场开发时，不应当盲目认为市场越多越好。在企业的产品品种丰富、产量比较多的情况，市场越多产品销售渠道越多，产品也更容易实现销售；但企业资金紧张，产品产量又少，如果盲目开发市场，不仅会导致资金更紧张，而且开发出来的市场不能得到充分的利用，就是说出现了有市场没有产品销售的情况，如果是这样的话，企业的市场开发策略就是不妥当的。

那么，企业在开发市场时应当考虑哪些因素呢？

第一，要研究每个市场的销售特点及发展趋势。不同的市场，在不同的阶段其产品需要量和价格是不一样的。为此，应当研究每一个市场不同产品的需要量和价格水平，比较在相同年份相同产品在不同市场的情况，确定出企业在不同年份应当进入的市场，从而确定出本企业要进入的重点市场以及市场开发的时间。

第二，要估计竞争对手可能进入的市场，避强趋弱。在市场上，随时都面临着激烈的竞争。为此，企业应当从对手的产品开发、市场开发情况上分析对手可能重点开发的市场。在市场开发上尽可能占先机，如果可能，避开竞争激烈的市场。当然，对手竞争的激烈程度也是相对而言的，比如，如果本企业的产品丰富，企业可以通过丰富的产品占领市场，争得市场老大，抢得先机。

第三，要考虑本企业的产品策略，确定企业的目标市场。对于不同的产品，在不同的阶段、在不同的市场其价格和市场需要量是不同的。为此，在制定本企业的市场开发战略时，应当结合企业的产品战略进行考虑。比如，企业重点生产的产品是 P4，如果 P4 产品的需要量主要在集中在区域、国内和亚洲市场，国际市场需要量很小，那么，企业就应当回避国际市场，重点占领区域、国内和亚洲市场。

第四，要考虑本企业的资金情况，量力而行。对于一个企业来说，总是希望市场越多越好。但是，开发市场是需要投资的，如果开发市场，而该市场又没有发挥应有的作用，则开发是失败的。市场开发，要考虑企业的资金情况，不仅仅是本年的资金情况，还应当考虑投入了市场开发可能对本年的资金影响，对本年净利润的影响，而净利润又影响所有者权益，所有者权益最终要影响下年的贷款额度。所以，市场开发支出，不仅仅是开发市场的问题，还包含了可能影响的各个方面。

一般而言，企业根据产品情况，应当开发 3 个以上的市场。如果资金许可，应尽可能早开发。当然，如果企业的资金控制不好，在某个年份出现了严重的资金短缺，则应当暂时停止开发，毕竟生存是第一位的。

（2）ISO 认证开发规划。ISO 认证包括 ISO9000 和 ISO14000 认证，通过开发 ISO 认证，企业可以取得具有 ISO 条件的产品订单。但一般而言，ISO 认证条件只在部分市场有要求，有的市场没有要求。所以，企业是否开发 ISO 认证，需要结合企业的市场开发情况来定。比如，企业主要进入的是本地、区域和国内，通过市场预测表我们如果预测，在这三个市场对于 ISO 认证条件要求不高，在资金偏紧张的情况下就可以暂时不开发。

同样，如果企业主要占领的是亚洲和国际市场，如果这两个市场虽然对 ISO 认证有要求，但时间比较靠后，比如在后两年才有要求，则企业可以推迟开发，这样，既不影响产品的销售，同时有没有过早占用资金，提高了资金的使用效率。

所以，企业在进行 ISO 认证开发规划时，主要应当考虑资金情况、企业的目标市场和开发时间三个方面的问题。

（3）生产线投资规划。企业要增加利润，必须增加利润高的产品的销售，而销售量的增加必然涉及产品的生产，要生产就必然涉及用什么生产线生产的问题。所以，生产线投资属于生产的问题。生产线包括手工、半自动、全自动和柔性四种，每种生产线的安装周期、安装费用、转产周期和转产费用各不相同，这里就涉及企业应当购买什么生产线、购买多少、什么时候购买的问题。一般情况下，如果资金和市场许可，企业应尽可能购买全自动生产线并配置 1 ~2 条柔性生产线，并且安装完成的时间越早越好。

企业在生产线投资时，应当考虑以下几个方面的问题：

第一，企业的资金情况。企业在进行购买生产线的决策时，首先应当考虑的就是企业的资金情况。这里的资金情况不仅仅是当期的资金情况，还包括后期资金的投入情况。因为购买安装生产线是分期投入的，而且生产线完工投入产品生产时，还涉及购买原材料和支付加工费等支出，所以，企业在购买生产线时应当考虑购买了生产线对当期及以后各期的影响，防止由于资金紧张而中途停止安装或安装完工后出现停工的情况。

为了保证资金不出现问题，企业最好的方式就是编制现金预算，而且现金预算最好是 2 年以上的滚动预算。

第二，产品开发完工的时间。企业在购买生产线时，应当测算生产线的完工时间。当生产线安装完工的当期，企业就能投入产品的生产是最佳方案。如果新建生产线是用于生产新开发的产品，则要做到生产线安装完工的时间与新产品开发完成的时间相一致，否则就会出现生产线空置，造成浪费。这就要求企业在购买生产线时，首先要明确该生产线完工后生产什么产品，然后确定出生产线的购买时间。当然，为了使生产线完工后当期能投入产品的生产，还应当做好原材料的采购准备工作。

第三，是否转产。企业的生产线包括四种，每种生产线的转产期和转产费是不相同的。如果企业不准备转产，则应尽可能考虑全自动生产线，如果企业预计生产线需要转产或者为了竞争的需要而要转产，如果资金许可，则应考虑一条柔性生产线。当然，如果已经到了经营的后期，企业就尽可能事先做好生产线产品生产的规划，尽可能不考虑生产线转产的问题。

企业在制定生产线购买决策时，除了要考虑以上几个方面的问题以外，还应当考虑折旧对当期利润的影响，剩余经营时间所能生产产品的产量等问题。

（4）产品开发规划。在沙盘企业，产品品种越多，则在各个市场拿单的概率越大，对于提高广告费的收益率有很大帮助，而且产品品种越多，在争夺市场老大时主动权越大。同时，产品品种越丰富，企业在决定新生产线的产品生产时可以选择利润较大的品种，增加了选择的主动性和灵活性。但是，产品开发需要一定的开发周期，而且需要投入一定的开发费用，所以，产品的开发就存在开发什么产品、什么时候开发的问题。企业在进行产品开发决策时，应当考虑以下几个方面的问题：

第一，企业目标市场中产品的预计销量和预计利润水平。企业开发的产品只有在大量生产并能及时销售出去之后才能真正产生效益，否则，一般情况下，我们认为就是开发失败。而企业要将生产出来的产品销售出去，首先要考虑的就是市场的需要量，只有市场有需要，我们才能开发并生产，同时，如果市场的需要量不是很大，而所有企业都开发并生产的话，势必增加竞争，对企业也是不利的。其次要考虑目标市场产品的预计利润水平。企业应根据各个市场产品的利润水平，综合做出企业产品的开发决策。

第二，竞争对手的产品开发策略。企业在进行产品开发时，应当预计竞争对手的产品开发策略，尽可能在产品上形成错位竞争。在进行决策时，可以从对手的市场开发情况、生产线状况、资金情况等方面入手，分析竞争对手产品开发策略。

第三，企业自身的生产能力。一般情况下，企业的产品品种越丰富，企业产品生产的灵活性越强。但是，企业开发产品，应当结合自己的生产能力，否则，产品开发出来以后，由于生产能力不足，导致开发出来的产品不能生产形成资源的浪费。一般情况下，企业每种产品每年的产量至少应在 5 件以上，否则就没有竞争力，也不能形成规模效益。

第四，企业的资金状况。开发产品需要投入资金，为此，企业应当考虑自身的资金状况。最基本的原则就是投入了产品开发，不会导致当期和后期出现资金的断流。为此，企业应当认真做好现金预算。

（5）产品生产规划。企业的产品开发出来以后，必须投入生产才能产生效益。这就涉及产品什么时候生产、生产多少的问题。一般情况下，只要企业的资金许可，就不应当停止产品的生产，即使当期产生库存，可以在后期通过扩大的市场需求销售出去。

企业在进行产品生产规划时，首先，应考虑生产单位产品毛利润高的产品，如果各种产品单位毛利润比较接近，应当选择生产占用资金少的产品。其次，还应当考虑资金面的状况。在企业经营的前期，往往资金面紧张，一般不宜生产占用资金多的产品；在经营后期，如果资金宽裕，应尽可能生产单件产品毛利润高的产品，这样才能保证利润的快速增长。

6.2.3 财务预算

沙盘模拟经营中，财务预算是非常重要的。精确的财务预算反映了企业的业务计划，实际执行过程中只需要按计划（预算）进行即可。所以，凡是优秀的团队，无不是将财务预算做到极致的团队。这是企业取胜的利器和法宝，要引起高度的重视。一般来说，企业经营之前，至少要拿出绝大多数时间来做预算，预算编制好了，操作就变得异常简单了。要做好财务预算，最直接的方式就是编制现金预算。

要编制现金预算，应当做好以下基础性工作：

第一，预计各季度的现金流入。企业的现金收入来源主要是销售产品收到的现金，除此之外还包括出售厂房、生产线收到的现金等。沙盘企业中，销售产品一般收到的是应收款，应在以后的某个季度收到现金。企业可以根据产品下线情况，结合订单情况，明确每个季度的产品销售收入以及对应的账期，从而明确每个季度有多少应收款到期，收到多少现金。同时，企业在事先规划时，可以明确出售生产线的时间，从而确定现金流入情况。

第二，明确各期应支付的固定费用。沙盘企业的固定费用包括管理费、广告费、设备维护费、厂房租金等。这些费用基本上在年初就能确定下来。

第三，编制“生产计划及采购计划”，确定企业在各期应投入的产品加工费。在每一年年末，企业已经基本明确了第二年产品的生产情况，包括投产的产品品种、投产数量和投产时间，企业可以根据这些资料明确各期发生的加工费支出。当然，为了防止差错的发生，企业在经营时，应当借助于“生产计划及采购计划表”来进行排产，确定出各期产品的投入和产出情况。“生产计划及采购计划表”的具体编制方法详见第五章。

第四，编制“采购及材料付款计划”，确定出各期应当支付的材料采购费。材料采购对于企业是很重要的一个环节，要采购材料必然涉及采购费用的问题，企业应当根据“生产计划及采购计划表”编制“采购及材料付款计划”，从而确定出各期应当支付的材料采购费用。

第五，根据开发或投资规划，确定出各期开发或投资的现金流出。企业的开发或投资规划草案可以在编制现金预算之前做出，也可以结合编制现金预算同时做出。如果事先已经编制了开发或投资预案，则应当测算出该开发或投资所需要的现金，并通过编制现金预算表来测算是否能在资金许可的范围内。企业的各种开发和投资规划应当在现金允许的范围内进行，否则，就可能导致出现现金断流的危险。所以，从这个角度来说，企业在进行开发和投资规划时，应当充分考虑现金预算，当某种开发或投资发生现金支出后，如果出现了现金危机，而且这种危机不能通过其他融资途径来解决，或者虽然能通过其他途径来解决，但带来的风险很大，这种情况下，就应当暂时停止该项开发或投资。

第六，确定现金短缺和不足，及时筹集资金。在明确了每个季度的现金流入和现金流出情况以后，就可以确定每个季度的现金短缺或盈余。如果现金短缺，就应当考虑如何筹集资金，解决资金缺口的问题。

6.3 战术篇

6.3.1 资金筹集

企业经营，现金为王。经营过程中，如果出现了现金断流而又不能筹集到资金，则意味着破产。所以，企业在追求利润的同时，应当充分考虑到资金的情况，既要最大限度地利用资金，发挥资金的作用，达到资产保值增值的目的，同时，又要考虑到资金使用不当给企业带来的风险。为此，要科学合理地使用资金。

当企业资金断流时，可以通过不同的途径筹集资金，使企业渡过暂时的资金危机；同时，企业也可以在不同的阶段，利用不同的资金筹集渠道筹集资金，为企业的快速发展提供物资上的保证。企业筹集资金的途径很多，包括贷款、出售厂房、贴现、借高利贷、出售生产线等，但由于每种方式各有特点，所以在使用时应区别对待。

（1）贷款。贷款是企业筹资的主要方式，通过贷款，企业可以解决资金短缺的困难，同时，如果企业资金运用合理，还可以取得远高于贷款利息的投资回报。所以，企业应当考虑适度的贷款。贷款包括长期贷款和短期贷款，长期贷款贷款期限长，短期内没有还款的压力，但利率较高，筹资成本高，一般适用于固定资产等长期资产的投资。短期贷款利率相对较低，但期限短，还款压力大，特别是在企业的所有者权益逐年降低而规则又不允许转贷的情况下，风险较大。一般适用于解决流动资金不足，比如购买原材料、支付加工费等。总的来说，贷款是企业筹集资金首先应考虑的方式，在不能贷款的情况下，再考虑其他的筹资方式。

（2）出售厂房。出售厂房可以筹集资金，但要在每年年末支付租金，所以，这种方式是在不能贷款的情况下考虑。出售厂房收到的是 4 个账期的应收款，不能在当期取得现金，所以，要提前考虑资金的需求情况，提前出售，否则，如果将出售厂房的应收款贴现的话，使用成本太高。一般情况下，出售厂房有两种情况，一种是主动出售，即在市场状况良好的情况下，企业资金筹集困难，但有比较好的发展前景时使用。另一种情况是被动出售，即当企业出现了现金断流，为了防止破产，不得已而采用这种方式。但这种被动出售对于企业是非常危险的。

（3）贴现。贴现是企业常用的一种筹资方式，这种筹资方式时间灵活，可以随时贴现。

但贴现需要有应收款，而且使用成本高，所以，企业一般在资金非常困难，确实无法渡过难关时采用。

（4）出售生产线。出售生产线是指由于资金严重短缺而被迫出售正在使用的生产线的一种筹资方式，应该说是一种无奈的选择。企业出售的生产线，只能按残值出售，如果生产线净值远大于残值，企业出售生产线损失很大。而且，出售了生产线，意味着企业的生产能力下降，收入降低，对企业也是不利的。所以，这种方式，除非不得已的情况下，一般不宜采用。当然，企业也可能根据规划要更新生产线而出售旧生产线，这种情况不包括在这里。

（5）借高利贷。借高利贷筹集资金，期限短、利率高，而且在计算最终成绩时还附加有扣分，所以，该筹资方式一般不轻易采用。但是，如果企业已经由于资金短缺面临破产倒闭，借高利贷缓解资金压力，也是帮助企业暂时渡过难关的一种筹资方式。

6.3.2 市场营销

企业的产品生产出来以后，如果没有及时销售出去，就不能取得收入，而且垫支的资金也不能收回，影响企业的现金流量。所以，企业如何将产品以最好的价格、最快的时间销售出去就成为企业重点考虑的一个问题。

产品销售，面对的是一个变化而且充满竞争的市场，很多方面都存在不确定性，所以对市场的研究和把握非常重要。一般而言，在营销环节，应做好市场预测、制定科学合理的广告投放、科学地拿单、科学地交单等工作。具体而言，应注意以下几个方面的问题：

（1）准确预测市场，合理预计销售订单。

实际生活中，企业要准确预测市场需求是非常困难的。沙盘企业中，由于给出了较为准确的市场预测图，所以，企业应当对市场预测图进行充分的分析，分析各个市场上产品的预计销售数量、预计销售单价、有无销售条件的限制等。然后，为了能准确地进行广告投放，应初步预计可能的订单数量。

在进行市场预测时，为了便于了解各个市场的情况，可以制定“市场需求预测表”（见表 6－2）来进行。

表 6－2　　市场需求预测统计表

市场	第　　年			
	产品	预计总需求量	预计单价	预计订单量
	P1			
	P2			
	P3			
	P4			

（2）收集竞争对手资料，分析竞争对手市场策略。

俗话说：知己知彼，百战不殆。企业经营，面对的是一个充满竞争的市场，企业应对竞争对手进行充分的了解，根据对手的市场开发、预计产品可销售量、资金状况等方面分析对手可能的市场策略。

通过分析对手的市场开发情况，明确各个市场的竞争状况，可以避免浪费广告费。比如，在某年只有本组和 D 组开发了亚洲市场，而在亚洲市场如果某种产品需求量远大于或接近两个组的产量，那么在亚洲市场就没有必要投放过多的广告费。对手的市场开发情况一般可以在市场调查时获得。

通过对对手的产量情况进行分析，可以看出各种产品在市场上的竞争激烈程度。比如，在第二年，各个对手都在生产 P1，并且大多数组年初都有库存，而在第二年市场只有本地和区域市场，那么，各个对手对于 P1 的争夺一般会比较激烈。这种情况下，从稳健的角度出发，企业不应过多地在各个市场投放广告，而应将重点放在自身的积累上，力争在每个市场取得一张订单就可以了。也就是说，不一定要得到最好的结果，但一定不要得到最坏的结果。对对手的产量分析，可以从对手的生产线、产品开发、资金状况等方面进行分析。可以设计一张产品产量预测表（见表 6－3），并将分析的结果填制在预测表中。

表 6－3　　　　第　年各组产品产量预测表

产品名称		A 组	B 组	C 组	…	…	…	…	合计
P1	期初库存								
	预计完工								
	合　计								
P2	期初库存								
	预计完工								
	合　计								
P3	期初库存								
	预计完工								
	合　计								
P4	期初库存								
	预计完工								
	合　计								

通过对竞争对手的资金情况进行调查，可以分析对手在广告投放上最大可能的投放量，有利于企业合理制定广告费投放策略。这里在分析对手的资金状况时，包括企业年初的库存现金、应收款以及企业上年末的所有者权益。因为应收款可以随时贴现，如果不考虑应收款贴现的问题，就可能导致分析失误。同时，因为企业需要资金周转，不应该全部将资金投放在广告上，如果企业将资金全部投放在广告上，下年在开始运营时就必须筹集资金。而年初筹集资金，根据运营流程一般是借入短期贷款，要借款就必然要考虑上年的所有者权益和已有的贷款额度。所以，在分析对手的资金情况时，还应当考虑对手的所有者权益情况。

（3）科学制定广告策略。

制定广告策略，主要是解决企业在哪些市场投放广告费，在哪些产品上投放广告费以及投放多少的问题。科学合理的广告投放，可以使企业拿到满意的订单而不造成资金的浪费，提高广告收益率，提高资金的使用效率。相反，错误或不当的广告策略不仅会造成资金的浪费，还可能使企业不能拿到满意的订单而造成产品积压，降低当年的收入，影响当年的现金流量。所以，企业应制定科学合理的广告策略。企业在制定广告策略时，应当把握以下原则：

①稳健性原则。就是在认真分析市场的情况不，有目的地投放广告费，不意气用事，避

免由于盲目投放广告而造成资金的浪费。在企业经营过程中，有的年份资金可能相对比较充裕，为了将积压的产品销售出去而大量投放广告，结果导致资金没有达到预期的效果。企业经营，是很理性的，需要科学地对待，应当尽量避免侥幸心理，也不应该有“赌”的心理。

②效益性原则。就是尽可能使广告投入收益最大化。企业投放广告费的目的是销售产品，所以企业在投放广告费时应尽可能使投放的广告产生效益，而且是最大的收益。所以，投放的广告应尽量避免浪费。

比如，企业准备销售 6 个 P1 产品，企业有两个市场，如果预计每个市场的订单为 6 张，而进入各个市场的企业为 6 家，则企业在各个市场投放的广告费最好为 1 ~ 2M，这样基本可以保证每个市场可以拿到一张订单。如果投放过多，势必造成浪费。如果有三个市场进入，则每个市场各投放 1M 即可。

③全面性原则。就是企业在制定广告策略时，应充分考虑影响产品销售的各种因素。企业在制定广告策略时，要事先预计市场的销售数量和订单情况、市场的竞争程度、竞争对手可能的市场策略、本企业及对手的资金情况、本企业的重点市场以及企业的实际生产经营状况，包括生产能力、材料供应等因素。只有在充分占有信息并分析信息的基础上，才能做出正确的决策。市场分析是十分复杂而且多变的，为了准确预测市场，必须全面分析。

④争取市场领导地位原则。就是在合理的广告投放范围内，企业尽量争取取得市场领导者地位。但一定不能为了争取市场老大而大量投放广告费，市场领导地位的取得应当是在企业实力足够的情况下取得的。企业如果产品品种多、产量大，则应利用该优势集中在某市场投放广告费，集中在该市场选单，努力取得市场领导者地位。如果企业的产品品种比较单一，产量又比较小，则应避免为争市场地位而投入过多的广告费。

（4）拿单技巧。

企业进行了正确的广告投放只是为能拿到订单提供了条件，但实际能不能拿到最佳的订单，关键在于竞单。所谓最佳的订单就是将生产的产品全部销售，每张订单的产品毛利最大，账期最短。当然，要拿到真正最佳的订单是一种苛求，但却是努力的方向。企业在拿订单时，除了拿单时随机应变外，还应当注意以下问题：

①事先明确企业在每季度各种产品的生产情况。企业在竞单时，有时候会涉及有限制条件的订单，比如加急订单，如果事先没有准确计算出各期生产产品的情况，在拿单时就会陷入被动。

②分析对手广告投入情况，合理确定产品市场。在竞单以前，裁判会将各组广告投放情况展示出来，以便确认广告录入是否正确。企业可以利用这个时机，将各组的广告投放情况进行记录并分析，以利于企业调整竞单策略。

比如，企业分别在区域、亚洲和国际市场投放了 P3 产品的广告费，而通过分析，发现国际市场只有本企业和另外一个组在 P3 产品投放广告费，而且本企业投放的是 4M，对方是 3M，根据事先的推测，该产品在国际市场至少有三张订单，那么，说明本企业在国际市场上至少可以拿到两张订单。在这种情况下，企业可以出于价格或者其他有利于自己的原因放弃前面某个市场的竞单，而将竞单的机会放在国际市场上。这样就给企业有了选择的机会。如果企业没有做这种分析，就可能放弃比较好的竞单机会。

③配合企业的资金预算选单。企业在竞单时，有时候会面临一种选择，比如，有两张订单，销售数量都相同，不同的是账期和总价：一张订单账期比较长，但总价比较高；另一张

订单账期比较短，但总价相对较低。那么遇到这种情况应如何选单呢？一般情况下，如果企业资金比较紧张，就应选择账期比较短、但单价相对较低的一张订单。相反，如果企业没有资金困扰的问题，则应选择总价高的订单。

④珍惜优先选单的机会，配合产品产量选单。企业如果是某市场的市场老大，或者在某个市场投放的广告费比较多，从而有优先选单的权利，在这种情况下，企业应充分把握好优先选单的机会。

如果本企业有两次以上的选单机会，应分析对手的产量和选单情况。如果本企业可以在本市场拿任意订单都能交单，首先，应选择大单，如果通过分析，所有的对手都不能拿最大单，只有本企业可以拿，则企业应选择次大的订单，将最大订单放在最后来选，从而保证本企业的产品销售。

如果某市场某产品有 ISO 条件限制，而只有本企业投放了 ISO 广告，则只有本企业有选择该产品的权利，那么，如果本企业有两次选单的机会，则企业应首先选择没有 ISO 条件的产品，最后选择有 ISO 条件的产品。这样，一方面可以保证本企业产品的销售；另一方面，由于对方不能选择 ISO 条件的产品而只能放弃，从而一定程度上遏制对手的销售，也是在利用合理的规则打压对手。

⑤在能争取市场领导地位的情况下应集中市场拿单。有时候，企业在竞单时，会“意外”得到一个市场领导地位。仔细分析这种“意外”，其实有其必然性。企业在投放广告费时，有时候大家会集中在某个或某几个市场，对于另外的一个或几个可能会比较忽略。这种情况下，企业如果在其中一个大家都比较忽略的市场投放了比较多的广告费，则企业应抓住机会，放弃其他的一部分市场，而将产品集中销售在该市场，争取取得市场领导者地位。在选单时，企业应选择总额大的订单，单价和账期可以放在次要位置考虑。

（5）交单技巧。

企业拿到的销售订单，一般没有规定具体的交单时间，这样，企业在交订单时，就可以配合企业的资金需要选择交纳哪张订单。交单科学，可以一定程度上缓解企业的资金压力，可以避免由于筹资而发生无谓的财务费用支出。在选择交单顺序时，主要应配合企业的现金预算。企业可以根据事先编制的现金预算，测算出企业在某季度某步骤需要的现金量，当交纳的订单在到期之前收现，则可以避免贴现。

企业在确定销售订单的交单顺序时，应注意分析以下几个因素：

◆ 账期。相同数量的两张订单，由于账期的不同，先交单和后交单会直接影响企业的现金回笼情况。在此我们把它分两种情况进行讨论。第一，在资金暂时不会断流的情况（也就是不会因为这两张订单的账期差异而影响资金的正常运行），我们就可以先交账期长的订单，后交账期短的订单；第二，在资金非常紧张的情况下，急需资金的回笼，我们应先交账期短的订单，可以缓解短期的资金压力，尽可能减少贴现，减少财务费用，增大所有者权益，但如果只有靠贴现才能解决资金断流的问题，应考虑先交账期长的订单。

◆ 数量。我们也可能遇到这样的情况：两张订单都是同种产品，但一张订单数量较大，另一张订单数量较小。通常情况下，我们都会在每个季度能交多少的订单就交多少。有些时候，我们可以考虑将订单组合分配来交订单，将产品囤积一个季度，留到下个季度再生产几个产品一起加起来把数量多的订单交了，因为订单的数量多，则它的总额肯定比数量少的总额大，有时我们很有可能就因为这点差额就导致现金断流而破产，所以将订单的数量进行合理的组合再进行交单也是很有必要的。

◆ 总额。有的时候我们的交单纯粹就是为了贴现解决资金问题，在有两张订单的产品、数量相同但总额不同的情况下，如：一张订单总额为 20M，另一张订单总额为 21M，由于贴现规则是贴 7 的倍数，如果我们需要 13M 的现金才能满足资金需要，为了配合贴现，避免浪费，不管这两张订单的账期如何，都应先交 21M 的订单，这样才能保证需要。

◆ 产品。有些情况是大家都不愿意看到的，那就是生产总监将产能预算错误，出现拿回来的订单大于产能的情况，如果这样，就只有赔单。为了把损失控制在最小的范围内，我们来看下面两种情况，我们到底应该怎样来处理。第一，如果按原计划进行生产，就要赔拥有市场老大的那个市场的订单，如果赔了那张订单，企业就会失去市场老大的地位，而且还要进行罚款。怎样减小损失呢？我们可以对生产线进行转产，先保证市场老大的地位不受影响，在其他的市场赔单。第二，如果我们本应该少一个 P2 产品，但由于那张订单的总额太大，我们可以进行生产线的转产，将生产其他产品的生产线转为生产 P2 产品。这样我们就可以尽可能减少了赔款的金额。以上两种情况都是在拿回订单时就发现了要赔单的情况。这里还需要注意：如果转产还需要提前订购原材料。

6.3.3　生产制造

企业只有将产品生产出来，才能实现销售。企业也只有准确地计算出每个季度的产能，也才能准确地拿单。于是，排产成为生产管理重要的内容。排产也就是生成“生产作业计划”的过程。企业制定生产计划的过程一般分成两部分，首先是生成“主生产计划”，其次是根据主生产计划生成“生产作业计划”。要得到“主生产计划”一般企业是从订单，部分企业是从市场预测，产生出一个包含生产品种、数量、时间的简单生产计划。

但是，光有主生产计划是远远不够的。一个简单的主生产计划中的生产要求，要把它自动分解为复杂、具体的生产作业过程，这就是详细排产。一般来说，生产作业计划越详细，它给出的信息越丰富、越有价值，相应计算起来也就越困难。生产作业计划越粗略，越接近主生产计划，信息越少、价值就越低。

但是，一个生产过程可能有无穷多种“可行”的安排方式，因此必须从其中找出一个“最优”的计划。找出“可行”计划的难度已经很大，找出“优化”计划的难度则更大。不仅要处理错综复杂的约束条件，还要从几乎无穷多种满足约束的可行性方案中找到优化排产方案。

对企业来说，在不增加生产资源的情况下，通过最大限度发挥当前资源能力的方式可以实现提高企业生产能力的目标。通过排产，给出了精确的物料使用和产出的时间、品种、数量信息，用这些信息可以最大限度地减少每个企业的库存量。同时，可以用来作为生产决策的依据，改进质检、成本、库存、采购、设备维护、销售、运输模块的运转方式，大大提高运转效率，提升企业整体管理水平。

对于生产总监来说，应当注意把握以下问题：

第一，准确计算出各条生产线在每个季度产品的上线和下线情况。生产总监应在年初准确编制“产品生产及采购计划”，计算出每个季度完工和上线的产品数量，将并将产品完工的数据报告给销售总监，以便销售总监做出科学合理的销售策略；同时，将产品的投产情况，也就是每个季度将原材料的需要量报告给供应总监，以便供应总监及时下原材料订单，及时购买。

第二，准确计算每个季度需要的加工费，报告财务总监，以便安排支出。生产总监根据计算出的每个季度产品投产数量，预计需要的加工费，并将该数据报告给财务总监，财务总监据以编制现金预算。

第三，准确地更新和投产，防止差错的发生。在更新生产和开始下一批生产时，生产总监应按照生产线或者产品的顺序依次更新和开始下一批生产，不可随意进行，否则容易出现差错。其他成员应监督生产总监，但不能代位行使生产总监的职责。

6.3.4 材料采购

企业只有及时订购并采购材料才能保证生产的正常进行。科学合理地采购材料，既保证生产的需要，又不造成材料的积压，是采购总监的目标。在材料采购环节，应注意把握以下几个问题：

第一，准确计算并下原料订单。要准确地下原料订单，首先必须准确计算出什么时候下原料订单，下多少订单。采购总监根据生产总监提供的材料需求计划，考虑材料订货提前期确定订货的时间。

第二，准确计算材料采购费用。采购总监根据采购的材料数量确定出每个季度需要的材料采购费用，并将该采购费用数据提供给财务总监，财务总监据以编制现金预算，及时安排资金。

第三，准确、及时购买订购的材料。采购总监应根据原料订单准确、及时订购材料，防止出现采购不及时，或者采购错误而给企业带来损失。

本章小结

本章侧重从团队构建、团队心理、战略思维、战略规划、财务预算、资金筹集、市场营销、生产制造和材料采购等企业经营环节中的关键点提出一些思路，希望抛砖引玉，引起大家的思考。

“路漫漫其修远兮，吾将上下而求索。”企业经营，没有套路，只有思路。沙盘企业经营，过程不是最重要的，结果也不是最重要的，重要的是通过参与其中，体悟到企业经营的流程，感悟到企业经营的艰辛。如果是一名求学的同学，通过沙盘企业经营，还需要明白这样一个道理：企业经营过程，是一个科学决策的过程，需要借助一定的管理平台，灵活利用企业战略规划、财务管理、市场营销、生产管理、供应链管理等专业知识，需要团队成员的齐心协力、精诚合作。

第 7 章

经典战例

“不谋全局者，不足谋一域；不谋万世者，不足谋一时。”企业经营，面对的是一个变化的、充满竞争的市场。在这个市场中，提供给每位经营者的资源是相同的，规则是相同的，不同的是每位经营者的策略、方法，正是因为经营策略和方法的不同，导致出现了几家欢乐几家愁的结果。个中滋味，只有参与其中才能体会。但一次的成功不代表永远的成功，一次的失败也不代表永远的失败。我们允许犯错误，但不允许犯同样的错误。所以，我们要总结，要学会总结。本章正是基于这样的目的，对一个真实的案例进行分析，以期达到抛砖引玉的效果。

本章重点

◆ 案例展示

◆ 参赛队伍经营策略分析

7.1　案例基本情况介绍

本案例选自某年某省大学生沙盘模拟企业经营对抗赛，经过层层比赛，最终选出 8 支队伍参加总决赛。经过抽签，分别确定自己所在的组别。这里，我们将这 8 支队伍按照比赛所在的组别，分别称为 A 组，B 组，C 组，D 组，E 组，F 组，G 组，H 组。

各个小组的初始状态如表 7 - 1 所示。

表 7 - 1　　初始资产负债表

（第 0 年末）　　单位：M

资　　产	期初数	期末数	负债和所有者权益	期初数	期末数
流动资产：			负债：		
现金		42	长期负债		40
应收款			短期负债		
在产品		8	应付账款		
成品		6	应交税金		1

续表

资　　产	期初数	期末数	负债和所有者权益	期初数	期末数
原料		2	一年内到期的长期负债		
流动资产合计		58	负债合计		41
固定资产：			所有者权益：		
土地和建筑		40	股东资本		50
机器与设备		9	利润留存		14
在建工程			年度净利		2
固定资产合计		49	所有者权益合计		66
资产总计		107	负债和所有者权益总计		107

备注：

（1）在产品 8 分别为第一、二、三手工线的 2Q、3Q、1Q，半自动生产线的 1Q。

（2）成品 6 为 3 个 P1。

（3）原料 2 为 2 个 R1。

（4）机器及设备 9 为第一、二、三手工线各为 2，半自动生产线为 3。

（5）长期负债 40 分别为 4Q 和 3Q。

面对的市场情况如图 7－1 所示。

市场预测

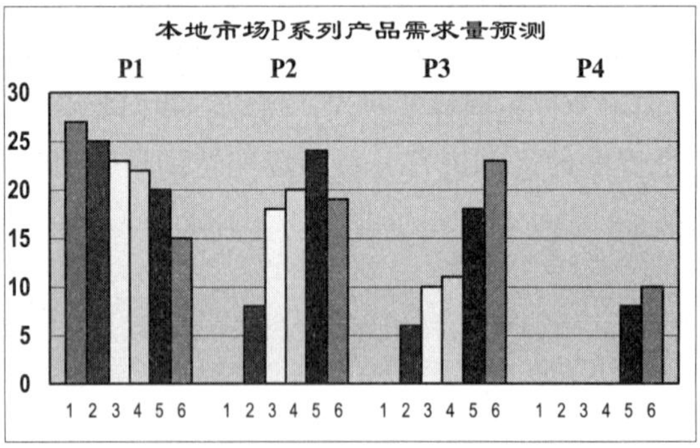

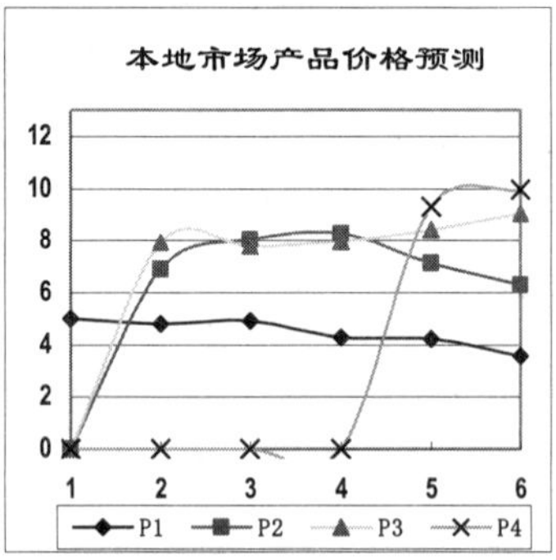

本地市场将会持续发展，对低端产品的需求可能要下滑，伴随着需求的减少，低端产品的价格很有可能走低。后几年，随着高端产品的成熟，市场对P3、P4产品的需求将会逐渐增大。由于客户对质量意识的不断提高，后几年可能对产品的ISO9000和ISO14000认证有更多的需求。

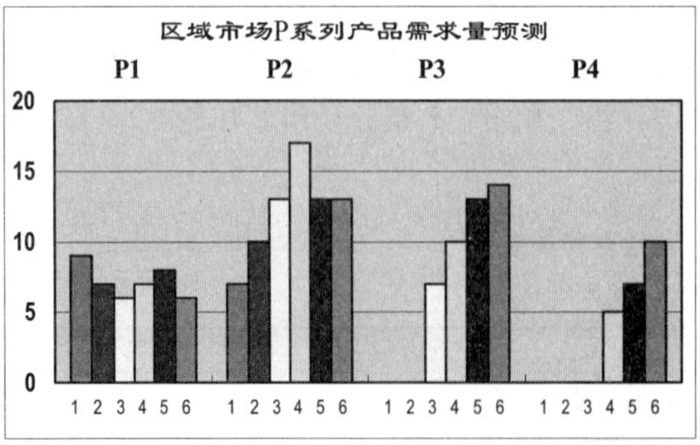

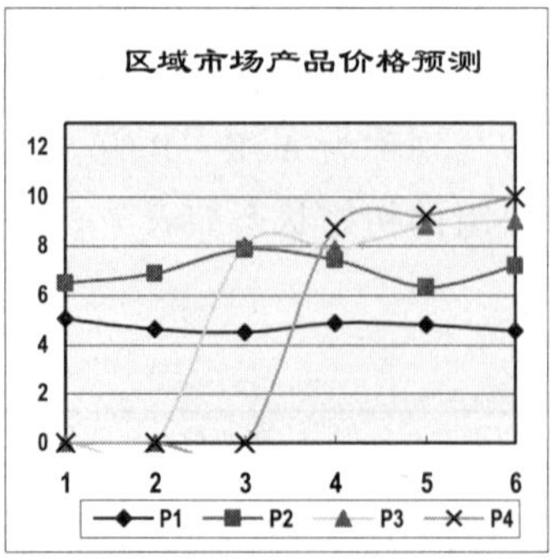

区域市场的客户相对稳定，对P系列产品需求的变化很有可能比较平稳。因紧邻本地市场，所以产品需求量的走势可能与本地市场相似，价格趋势也应大致一样。该市场容量有限，对高端产品的需求也可能相对较小，但客户会对产品的ISO9000和ISO14000认证有较高的要求。

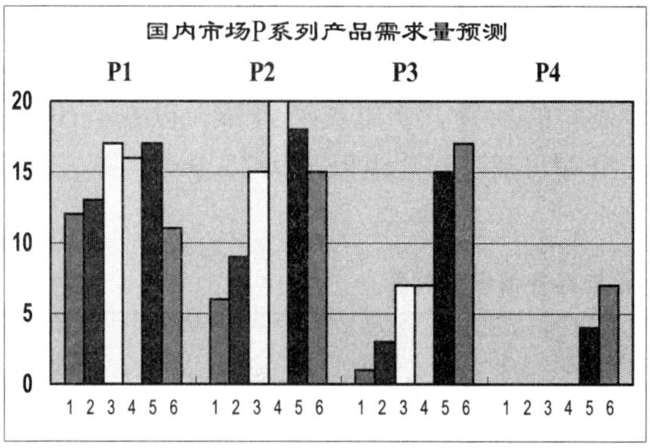

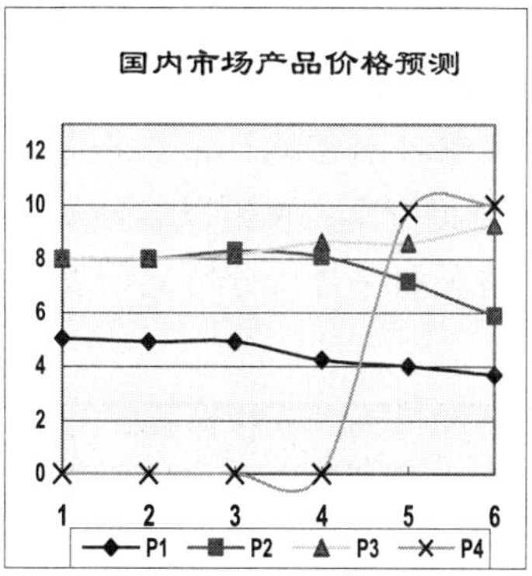

因P1产品带有较浓的地域色彩，估计国内市场对P1产品不会有持久的需求。但P2产品因更适合于国内市场，估计需求一直比较平稳。随着对P系列产品的逐渐认同，估计对P3产品的需求会发展较快。但对P4产品的的需求就不一定像P3产品那样旺盛了。当然，对高价值的产品来说，客户一定会更注重产品的质量认证。

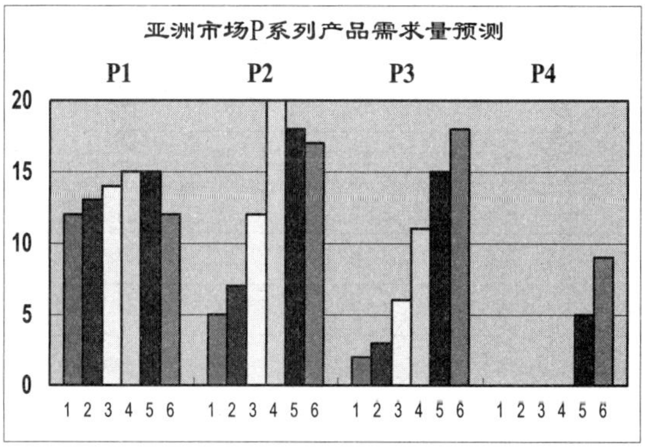

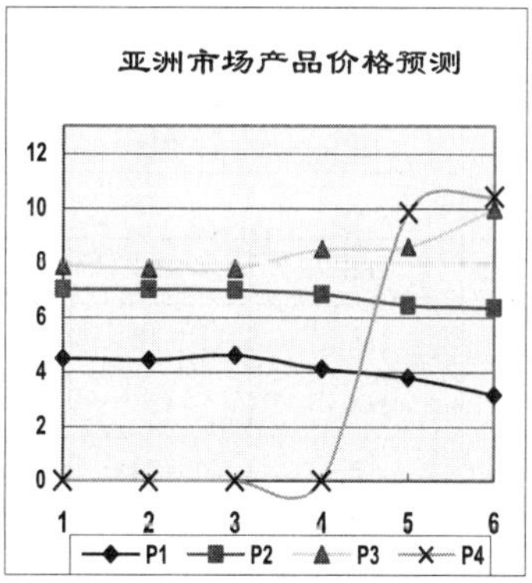

这个市场一向波动较大，所以对P1产品的需求可能起伏较大，估计对P2产品的需求走势与P1相似。但该市场对新产品很敏感，因此估计对P3、P4产品的需求量会发展较快，价格也可能不菲。另外，这个市场的消费者很看中产品的质量，所以没有ISO9000和ISO14000认证的产品可能很难销售。

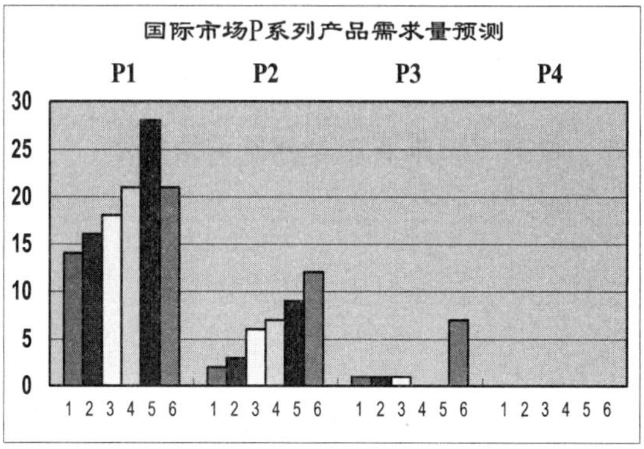

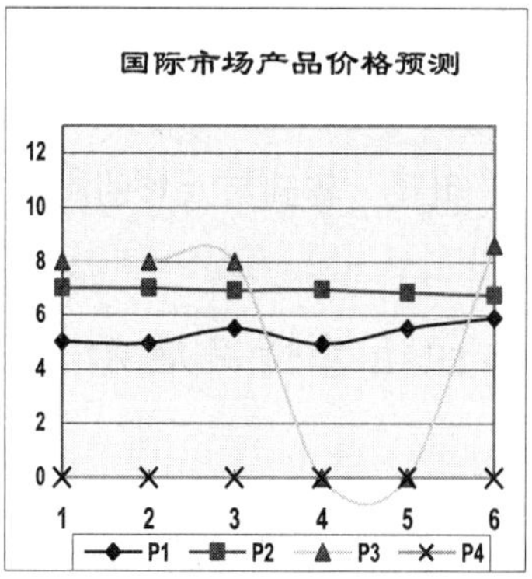

P系列产品进入国际市场可能需要一个较长的时期。有迹象表明，对P1产品已经有所认同，但还需要一段时间才能被市场接受。同样，对P2、P3和P4产品也会很谨慎地接受。需求发展较慢。当然，国际市场的客户也会关注具有ISO认证的产品。

图 7－1

本次比赛，采用的是用友公司开发的沙盘盘面和沙盘工具，比赛规则借鉴了用友公司与沙盘相配合的经营规则，经营期间为6年（具体前面章节介绍）。这8支队伍经营风格各异，经营策略各不相同，最终经过异常残酷的比赛，D组技压群雄，以权益118，总得分438.08分夺得冠军；A组以总分422.65分夺得亚军；E组以389.75分夺得第三名。各组的最终经营情况和综合得分情况如表7-2。

表7-2 各组每年经营情况汇总表

公司＼年份	起始年	1	2	3	4	5	6	总分
A	66	50	33	35	53	77	107	422.65
	2	-16	-17	2	18	24	30	
B	66	39	14	10	20	42	92	309.20
	2	-27	-25	-4	10	22	50	
C	66	35	12	4	0	1	0	0
	2	-31	-23	-8	-4	1	0	
D	66	41	20	31	52	81	118	438.08
	2	-25	-21	11	21	29	37	
E	66	48	31	25	45	70	115	389.75
	2	-18	-17	-6	20	25	45	
F	66	42	19	12	19	19	25	63.75
	2	-24	-23	-7	7	0	6	
G	66	44	17	0	11	8	10	18.00
	2	-22	-27	-17	11	-3	2	
H	66	46	31	34	35	37	54	153.9
	2	-20	-15	3	1	2	17	

说明：

（1）各组上面一行显示的是当年年末的所有者权益，下面一行显示的是当年实现的净利润。

（2）C组在比赛到第六年的时候破产，没有上交报表，总分显示为0分。

7.2 各组运营情况展示

7.2.1 各年广告投放与订单情况（见表7-3至表7-8）

表 7 - 3　　第一年广告投放与订单情况

组别	项目	本地						区域						国内						亚洲						国际					
		P1	P2	P3	P4	9K	14	P1	P2	P3	P4	9K	14	P1	P2	P3	P4	9K	14	P1	P2	P3	P4	9K	14	P1	P2	P3	P4	9K	14
A	广告费	3																													
	销售额	11																													
	销量	2																													
B	广告费	9																													
	销售额	23																													
	销量	5																													
C	广告费	5																													
	销售额	11																													
	销量	2																													
D	广告费	6																													
	销售额	20																													
	销量	4																													
E	广告费	1																													
	销售额	5																													
	销量	1																													
F	广告费	8																													
	销售额	15																													
	销量	3																													
G	广告费	6																													
	销售额	14																													
	销量	3																													
H	广告费	16																													
	销售额	32																													
	销量	7																													

表 7－4　　第二年广告投放与订单情况

组别	项目	本地						区域						国内						亚洲						国际					
		P1	P2	P3	P4	9K	14	P1	P2	P3	P4	9K	14	P1	P2	P3	P4	9K	14	P1	P2	P3	P4	9K	14	P1	P2	P3	P4	9K	14
A	广告费	5																													
	销售额	15																													
	销量	3																													
B	广告费	3	1	2				1																							
	销售额	10	14	15				4																							
	销量	2	2	2				1																							
C	广告费	7	2					1	1																						
	销售额	18	15					9	8																						
	销量	4	3					2	1																						
D	广告费	8		1				2																							
	销售额	19		25				5																							
	销量	4		3				1																							
E	广告费	3	3																												
	销售额	6	15																												
	销量	1	2																												
F	广告费	4						2																							
	销售额	9						15																							
	销量	2						3																							
G	广告费	7	1																												
	销售额	13	8																												
	销量	3	1																												
H	广告费	1																													
	销售额	26																													
	销量	6																													

表 7-5　　第三年广告投放与订单情况

组别	项目	本地						区域						国内						亚洲						国际					
		P1	P2	P3	P4	9K	14	P1	P2	P3	P4	9K	14	P1	P2	P3	P4	9K	14	P1	P2	P3	P4	9K	14	P1	P2	P3	P4	9K	14
A	广告费	3	3											3	3																
	销售额	11	23											18	25																
	销量	2	3											4	3																
B	广告费	4	3	1				1	1	1				1	1	1															
	销售额	19	25	22		1		9	17	24				15	18																
	销量	4	3	3				2	2	3				3	2																
C	广告费			1					1						1																
	销售额								30						9																
	销量								4						1																
D	广告费	1	1	3						3						9															
	销售额	27	27	44						25						24															
	销量	6	3	6						3						3															
E	广告费	3	3						1					3	3																
	销售额	15	30						15					16	23																
	销量	3	4						2					3	3																
F	广告费	1	1					1	1					1	1																
	销售额	5						12	16					9	16																
	销量	1						3	2					2	2																
G	广告费	6	1											2																	
	销售额	23	26											14																	
	销量	5	3											3																	
H	广告费	1	3						2					1	4																
	销售额	10	14						23					10	31																
	销量	2	2						3					2	4																

表 7－6　　第四年广告投放与订单情况

组别	项目	本地						区域						国内						亚洲						国际					
		P1	P2	P3	P4	9K	14	P1	P2	P3	P4	9K	14	P1	P2	P3	P4	9K	14	P1	P2	P3	P4	9K	14	P1	P2	P3	P4	9K	14
A	广告费	1	2											1	3	1															
	销售额	12	9											18	53	25															
	销量	3	1											4	7	3															
B	广告费			1				1	1	1					3							3									
	销售额			25				15	36	16					49							24									
	销量			3				3	5	2					6							3									
C	广告费	1	1					1	1					1																	
	销售额	8	17						13					12																	
	销量	2	2						2					3																	
D	广告费	1	1	3					2	1						3						3									
	销售额	22	25	48					8							35						17									
	销量	5	3	6					1							4						2									
E	广告费	1	1					1	3		1			1	2					1	1										
	销售额	8	24					9	22		17			13	31						13										
	销量	2	3					2	3		2			3	4						2										
F	广告费	1	3					3	3					1							1										
	销售额	14	25					10	16												22										
	销量	3	3					2	2												3										
G	广告费	1	5												1						1										
	销售额	18	47												17																
	销量	4	6												2																
H	广告费	1	2						1					1	1						3										
	销售额	9	16			1			30			1		5	9																
	销量	2	2						4					1	1																

表 7－7 第五年广告投放与订单情况

组别	项目	本地						区域						国内						亚洲						国际					
		P1	P2	P3	P4	9K	14	P1	P2	P3	P4	9K	14	P1	P2	P3	P4	9K	14	P1	P2	P3	P4	9K	14	P1	P2	P3	P4	9K	14
A	广告费		1	3										1	3	3															
	销售额		16	35		1								13	43	50		1													
	销量		2	4										3	6	6															
B	广告费		3	3				1	1	3					3						1					1	1				
	销售额		23	26				10	13	26					8						31					6	21			1	
	销量		3	3				2	2	3					1						5					1	3				
C	广告费	1	1	1					1					1																	
	销售额	11	22	17																											
	销量	3	3	2																											
D	广告费		1	3						2						1						1				3					
	销售额		29	34						28		1				17						27		1		34					
	销量		4	4						3						2						3				6					
E	广告费				1				1		1				1		1				1										
	销售额				29				15		29	1	1		25		20				14			1	1						
	销量				3				2		3				4		2				2										
F	广告费		1					1							2						3	4									
	销售额		19					5							15						18	26									
	销量		3					1							2						3	3									
G	广告费		2																							1					
	销售额		13																							15					1
	销量		2																							3					
H	广告费		1	1					1						1	1					1	1									
	销售额			15					12							17					6	17									
	销量			2					2							2					1	2									

表 7－8

第六年广告投放与订单情况

组别	项目	本地						区域						国内						亚洲						国际					
		P1	P2	P3	P4	9K	14	P1	P2	P3	P4	9K	14	P1	P2	P3	P4	9K	14	P1	P2	P3	P4	9K	14	P1	P2	P3	P4	9K	14
A	广告费			4											3	5										3	1	1			
	销售额			54		1									34	63		1								30	13	16		1	1
	销量			6											6	7										5	2	2			
B	广告费							1	3	3											3	3				1					
	销售额							14	37	46		1									33	53		1	1	11					
	销量							3	5	5											5	5				2					
C	广告费		1							1						1															
	销售额		19																												
	销量		3																												
D	广告费		1	3				1						1		1					1	3				3	1	1			
	销售额		20	64		1								8		18					20	29		1	1	30	15	17		1	1
	销量		3	7										2		2					3	3				5	2	2			
E	广告费		1		1			1	1						1		1				1		3			1	1				
	销售额		13		41			5	22								32				19		64	1	1	18					1
	销量		2		4			1	3								3				3		6			3					
F	广告费		1							1						1					1	1									
	销售额		12																		27	40		1							
	销量		2																		4	4									
G	广告费		1																							5					
	销售额																									36				1	
	销量																									6					
H	广告费		1	2					1						1	2					1	2									
	销售额		22	18					15							28						28									
	销量		4	2					2							3						3									

7.2.2 各组经营报表（见表 7－9 至表 7－16）

表 7－9

A 组经营情况表

年份	管理费	广告费	设备维护	厂房租金	转产费	市场开拓	ISO认证	产品研发	其他	总计	P1			P2			P3			P4		
											收入	数量	成本	收入	数量	成本	收入	数量	成本	收入	数量	成本
1 年	4	3	3			3		2	1	16	11	2	4									
2 年	4	5	2			2	1	8		22	15	3	6									
3 年	4	12	3			2	2	8		31	29	6	12	48	6	18						
4 年	4	8	4				2			18	30	7	14	62	8	24	25	3	12			
5 年	4	13	6	3		1				27	13	3	6	59	8	24	85	10	40			
6 年	4	21	10			2				37	30	5	10	47	8	24	133	15	60			

利 润 表

项目	1	2	3	4	5	6
销售收入	11	15	77	117	157	210
直接成本	4	6	30	50	70	94
毛利	7	9	47	67	87	116
综合费用	16	22	31	18	27	37
折旧前利润	-9	-13	16	49	60	79
折旧	3			10	11	17
息前利润	-12	-13	16	39	49	62
财务收支	4	4	14	21	20	18
额外收支						
税前利润	-16	-17	2	18	29	44
所得税					5	14
净利润	-16	-17	2	18	24	30

资产负债表

资产							负债＋所有者权益						
流动资产	1	2	3	4	5	6	负债	1	2	3	4	5	6
现金	15	61	11	13	24	8	长期负债	40	80	60	60	60	60
应收	11	15	52	32	54	135	短期负债		40	60	60	100	140
在产品	6	4	8	12	20		应付款						
产成品	14	18	14	4	2		应缴税					5	14
原材料					1		1 年期长贷		20	20			
流动合计	46	98	85	61	101	143	负债合计	40	140	140	120	165	214
固定资产							所有者权益						
土地和建筑	40	40	40	40	40	70	股东资本	50	50	50	50	50	50
机器设备	4	3	34	40	61	108	利润留存	16		-17	-15	3	27
在建工程		32	16	32	40		年度利润	-16	-17	2	18	24	30
固定资产合计	44	75	90	112	141	178	所有者权益合计	50	33	35	53	77	107
资产总计	90	173	175	173	242	321	权益总计	90	173	175	173	242	321

表 7－10

B 组经营情况表

年份	管理费	广告费	设备维护	厂房租金	转产费	市场开拓	ISO认证	产品研发	其他	总计	P1			P2			P3			P4		
											收入	数量	成本	收入	数量	成本	收入	数量	成本	收入	数量	成本
1年	4	9	2			4	1	12	2	34	23	5	10									
2年	4	7	6	3		3	1	6		30	14	3	6	14	2	6	15	2	8			
3年	4	15	7	3		2	1			32	43	9	18	60	7	21	46	6	24			
4年	4	10	7	3		1	1			26	15	3	6	85	11	33	65	8	32			
5年	4	18	8	3			1			34	16	3	6	96	14	42	52	6	24			
6年	4	17	10							31	25	5	10	70	10	30	99	10	40			
7年																						
8年																						

利润表

项目	1	2	3	4	5	6
销售收入	23	43	149	165	164	194
直接成本	10	20	63	71	72	80
毛利	13	23	86	94	92	114
综合费用	34	30	32	26	34	31
折旧前利润	－21	－7	54	68	58	83
折旧	2		23	19	12	6
息前利润	－23	－7	31	49	46	77
财务收/支	4	18	35	39	24	15
额外收/支						
税前利润	－27	－25	－4	10	22	62
所得税						12
净利润	－27	－25	－4	10	22	50

资产负债表

资产

流动资产	1	2	3	4	5	6
现金	95	17	21	30	2	5
应收	23	18		15	37	52
在产品	4	18	21	21	25	4
产成品	6	10	20	5	5	18
原材料						4
流动合计	128	63	62	71	69	83
固定资产						
土地和建筑	40	40	40	40	40	70
机器设备	3	75	68	49	53	51
在建工程	48	16				
固定资产合计	91	131	108	89	93	121
资产总计	219	194	170	160	162	204

负债＋所有者权益

负债	1	2	3	4	5	6
长期负债	120	100	80	60		
短期负债	60	60	60	60	60	100
应付款						
应缴税						12
1年期长贷		20	20	20	60	
负债合计	180	180	160	140	120	112
所有者权益						
股东资本	50	50	50	50	50	50
利润留存	16	－11	－36	－40	－30	－8
年度利润	－27	－25	－4	10	22	50
所有者权益小计	39	14	10	20	42	92
权益总计	219	194	170	160	162	204

表 7－11

C 组经营情况表

年份	管理费	广告费	设备维护	厂房租金	转产费	市场开拓	ISO认证	产品研发	其他	总计	P1			P2			P3			P4		
											收入	数量	成本	收入	数量	成本	收入	数量	成本	收入	数量	成本
1 年	4	5	4			3	2	12		30	11	2	4									
2 年	4	11	4			2	2	6		29	27	6	12	8	1	3						
3 年	4	3	4		1					12				39	3	9						
4 年	4	5	5							14	20	5	10	30	4	12						
5 年	4	5	2	5						16	11	3	6	22	3	9	17	2	8			
6 年	4	3								7				19	3	9						
7 年																						
8 年																						

利润表

项目	1	2	3	4	5	6
销售收入	11	35	39	50	50	
直接成本	4	15	9	22	23	
毛利	7	20	30	28	27	
综合费用	30	29	12	14	16	
折旧前利润	－23	－9	18	14	11	
折旧	4		10	11	2	
息前利润	－27	－9	8	3	9	
财务收/支	4	10	11	7	8	
额外收/支		－4	－5			
税前利润	－31	－23	－8	－4	1	
所得税						
净利润	－31	－23	－8	－4	1	

资产负债表

资产							负债 + 所有者权益						
流动资产	1	2	3	4	5	6	负债	1	2	3	4	5	6
现金	66	17	30	27	18		长期负债	80	60	60	20	40	
应收		8		8	17		短期负债	40	60	60	40	40	
在产品	8	11	4	3			应付款						
产成品	14	17	16	13	3		应缴税						
原材料	6	3	9	2	2		1 年期长贷		20	20	40		
流动合计	94	56	59	53	40		负债合计	120	140	140	100	80	
固定资产							所有者权益						
土地和建筑	40	40	40				股东资本	50	50	50	50	50	
机器设备	5	36	33	22	10		利润留存	16	－15	－38	－46	－50	
在建工程	16	20	12	25	31		年度利润	－31	－23	－8	－4	1	
固定资产合计	61	96	85	47	41		所有者权益合计	35	12	4		1	
资产总计	155	152	144	10C	81		权益总计	155	152	144	100	81	

表 7－12　　D 组经营情况表

年份	管理费	广告费	设备维护	厂房租金	转产费	市场开拓	ISO认证	产品研发	其他	总计	P1			P2			P3			P4		
											收入	数量	成本	收入	数量	成本	收入	数量	成本	收入	数量	成本
1 年	4	6	3			4		12	1	30	20	4	8									
2 年	4	11	5	5		3	1	6		35	24	5	10				25	3	12			
3 年	4	17	6	5		2	2			36	27	6	12	27	3	9	93	12	48			
4 年	4	14	6	3		1	2			30	22	5	10	33	4	12	100	12	48			
5 年	4	13	6	8						31	34	6	12	29	4	12	106	12	48			
6 年	4	21	10							35	38	7	14	55	8	24	128	14	56			
7 年																						
8 年																						

利 润 表

项目	1	2	3	4	5	6
销售收入	20	49	147	155	169	221
直接成本	8	22	69	70	72	94
毛利	12	27	78	85	97	127
综合费用	30	35	36	30	31	35
折旧前利润	－18	－8	42	55	66	92
折旧	3		15	14	9	14
息前利润	－21	－8	27	41	57	78
财务收/支	4	13	16	20	21	23
额外收/支						
税前利润	－25	－21	11	21	36	55
所得税					7	18
净利润	－25	－21	11	21	29	37

资产负债表

资产

流动资产	1	2	3	4	5	6
现金	97	24	20	27	28	2
应收		65	98	72	140	125
在产品	6	16	19	19	19	
产成品	10	8	2			4
原材料						
流动合计	113	113	139	118	187	131
固定资产						
土地和建筑	40			40		70
机器设备	4	51	52	38	45	95
在建工程	24	16		16	56	
固定资产合计	68	67	52	94	101	165
资产总计	181	180	191	212	288	296

负债＋所有者权益

负债	1	2	3	4	5	6
长期负债	120	100	80	80		
短期负债	20	40	60	80	120	160
应付款						
应缴税					7	18
1 年期长贷		20	20		80	
负债合计	140	160	160	160	207	178
所有者权益						
股东资本	50	50	50	50	50	50
利润留存	16	－9	－30	－19	2	31
年度利润	－25	－21	11	21	29	37
所有者权益合计	41	20	31	52	81	118
权益总计	181	180	191	212	288	296

表 7－13

E 组经营情况表

年份	管理费	广告费	设备维护	厂房租金	转产费	市场开拓	ISO认证	产品研发	其他	总计	P1			P2			P3			P4		
											收入	数量	成本	收入	数量	成本	收入	数量	成本	收入	数量	成本
1 年	4	1	2			2		4	2	15	5	1	2									
2 年	4	6	3			4	1	5		23	6	1	2	15	2	6						
3 年	4	13	4			2	2	12		37	31	6	12	68	9	27						
4 年	4	12	4		1	1	2	3		27	30	7	14	90	12	36				17	2	10
5 年	4	10	5			1				20				54	8	24				78	8	40
6 年	4	15	6							25	23	4	8	54	8	24				137	13	65

利 润 表

项目	1	2	3	4	5	6
销售收入	5	21	99	137	132	214
直接成本	2	8	39	60	64	97
毛利	3	13	60	77	68	117
综合费用	15	23	37	27	20	25
折旧前利润	－12	－10	23	50	48	92
折旧	2		13	13	8	11
息前利润	－14	－10	10	37	40	81
财务收支	4	7	16	17	13	18
额外收支						
税前利润	－18	－17	－6	20	27	63
所得税					2	18
净利润	－18	－17	－6	20	25	45

资产负债表

资产							负债＋所有者权益						
流动资产	1	2	3	4	5	6	负债	1	2	3	4	5	6
现金	53	44	22	15	11	14	长期负债	40	60	60	40	40	40
应收		15	3	20	78	157	短期负债	60	80	60	60	100	140
在产品	4	8	11	16	16		应付款						
产成品	16	26	24	6	8		应缴税					2	18
原材料					3		1 年期长贷		20				
流动合计	73	93	60	57	116	171	负债合计	100	160	120	100	142	198
固定资产							所有者权益						
土地和建筑	40	40	40	40	40	70	股东资本	50	50	50	50	50	50
机器设备	3	42	45	32	40	72	利润留存	16	－2	－19	－25	－5	20
在建工程	32	16		16	16		年度利润	－18	－17	－6	20	25	45
固定资产合计	75	98	85	88	96	142	所有者权益合计	48	31	25	45	70	115
资产总计	148	191	145	145	212	313	权益总计	148	191	145	145	212	313

表 7－14　　F 组经营情况表

年份	管理费	广告费	设备维护	厂房租金	转产费	市场开拓	ISO认证	产品研发	其他	总计	P1			P2			P3			P4		
											收入	数量	成本	收入	数量	成本	收入	数量	成本	收入	数量	成本
1 年	4	8	4			3	2	4		25	15	3	6									
2 年	4	6	5			2		10		27	24	5	10									
3 年	4	6	5	5		2				22	26	6	12	32	4	12						
4 年	4	12	6	5	1	1		4		33	24	5	10	63	8	24						
5 年	4	11	6	5		1	2			29	5	1	2	52	8	24	26	3	12			
6 年	4	6	6	5		1	1			23				39	6	18	40	4	16			

利润表							资产负债表													
							资产							负债 + 所有者权益						
项目	1	2	3	4	5	6	流动资产	1	2	3	4	5	6	负债	1	2	3	4	5	
销售收入	15	24	58	87	83	79	现金	47	7	48	36	26		长期负债	80	60	40	40		
直接成本	6	10	24	34	38	34	应收		1		1	11	18	短期负债			20	20	20	
毛利	9	14	34	53	45	45	在产品	8	12	11	16	22		应付款						
综合费用	25	27	22	33	29	23	产成品	12	17	16	5	3		应缴税						
折旧前利润	－16	－13	12	20	16	22	原材料	2	1	1			7	1 年期长贷		20	20		40	
折旧	4		5	3	4	4	流动合计	69	38	76	58	62	25	负债合计	80	80	80	60	60	
息前利润	－20	－13	7	17	12	18	固定资产							所有者权益						
财务收/支	4	10	14	10	12	12	土地和建筑	40	40					股东资本	50	50	50	50	50	
额外收/支							机器设备	5	21	16	21	17	20	利润留存	16	－8	－31	－38	－31	
税前利润	－24	－23	－7	7		6	在建工程	8						年度利润	－24	－23	－7	7		
所得税							固定资产合计	53	61	16	21	17	20	所有者权益合计	42	19	12	19	19	
净利润	－24	－23	－7	7		6	资产总计	122	99	92	79	79	45	权益总计	122	99	92	79	79	

表 7－15 **G 组经营情况表**

年份	管理费	广告费	设备维护	厂房租金	转产费	市场开拓	ISO 认证	产品研发	其他	总计	P1			P2			P3			P4		
											收入	数量	成本	收入	数量	成本	收入	数量	成本	收入	数量	成本
1 年	4	6	4			3	1	4		22	14	3	6									
2 年	4	8	5			3	2	2		24	13	3	6	8	1	3						
3 年	4	9	6	5		2	2			28	37	8	16	26	3	9						
4 年	4	8	2	5		1				20	18	4	8	64	8	24						
5 年	4	4	2	5						15	15	3	6	13	2	6						
6 年	4	7	2	5						18	36	6	12									

利润表							资产负债表													
							资产							负债＋所有者权益						
项目	1	2	3	4	5	6	流动资产	1	2	3	4	5	6	负债	1	2	3	4	5	6
销售收入	14	21	63	82	28	36	现金	33	18	8	23	21	5	长期负债	60	80	40	40	20	20
直接成本	6	9	25	32	12	12	应收		8	20	16	13	17	短期负债	20	40	20		20	
毛利	8	12	38	50	16	24	在产品	8	17	6	4	4		应付款						
综合费用	22	24	28	20	15	18	产成品	12	22	26		2		应缴税						
折旧前利润	－14	－12	10	30	1	6	原材料	2	3					1 年期长贷			20			
折旧	4	8	9	4			流动合计	55	68	60	43	40	22	负债合计	80	120	80	40	40	20
息前利润	－18	－20	1	26	1	6	固定资产							所有者权益						
财务收/支	4	7	8	8	4	3	土地和建筑	40	40					股东资本	50	50	50	50	50	50
额外收/支			－10	－7		－1	机器设备	29	29	20	8	8	8	利润留存	16	－6	－33	－50	－39	－42
税前利润	－22	－27	－17	11	－3	2	在建工程							年度利润	－22	－27	－17	11	－3	2
所得税							固定资产合计	69	69	20	8	8	8	所有者权益小计	44	17		11	8	10
净利润	－22	－27	－17	11	－3	2	资产总计	124	137	80	51	48	30	权益总计	124	137	80	51	48	30

表 7－16 **H 组经营情况表**

年份	管理费	广告费	设备维护	厂房租金	转产费	市场开拓	ISO认证	产品研发	其他	总计	P1			P2			P3			P4		
											收入	数量	成本	收入	数量	成本	收入	数量	成本	收入	数量	成本
1 年	4	16	4			2		4		30	32	7	14									
2 年	4	1	6			3	1	2		17	26	6	12									
3 年	4	11	6			1	1	8		31	20	4	8	68	9	27						
4 年	4	11	6					4		25	14	3	6	55	7	21						
5 年	4	7	6		2					19				18	3	9	49	6	24			
6 年	4	10	6	3					7	30				37	6	18	74	8	32			

利润表							资产负债表													
							资产							负债＋所有者权益						
项目	1	2	3	4	5	6	流动资产	1	2	3	4	5	6	负债	1	2	3	4	5	6
销售收入	32	26	88	69	67	111	现金	69	42	36	11	17	26	长期负债	100	100	60	60	60	
直接成本	14	12	35	27	33	50	应收	32	19	41	44	49	1	短期负债	20	20	40	40	60	60
毛利	18	14	53	42	34	61	在产品	8	16	16	15	23		应付款						
综合费用	30	17	31	25	19	30	产成品	4	5		3	6		应缴税						
折旧前利润	－12	－3	22	17	15	31	原材料					6	3	1 年期长贷			20			
折旧	4		8	6	6	4	流动合计	113	82	93	73	101	30	负债合计	120	120	120	100	120	60
息前利润	－16	－3	14	11	9	27	固定资产							所有者权益						
财务收/支	4	11	11	10	7	10	土地和建筑	40	40	40	40	40	40	股东资本	50	50	50	50	50	50
额外收/支		－1					机器设备	5	29	21	22	16	44	利润留存	16	－4	－19	－16	－15	－13
税前利润	－20	－15	3	1	2	17	在建工程	8						年度利润	－20	－15	3	1	2	17
所得税							固定资产合计	53	69	61	62	56	84	所有者权益合计	46	31	34	35	37	54
净利润	－20	－15	3	1	2	17	资产总计	166	151	154	135	157	114	权益总计	166	151	154	135	157	114

7.2.3　各组市场地位统计表（见表7－17、表7－18）

表7－17　　市场地位统计表

市场 年份	本地	区域	国内	亚洲	国际
1	H				
2	D	C			
3	D	B	A		
4	D	B	A	B	
5	D	B	A	F	D
6	D	B	A	B	D

表7－18　　第六年末各组经营现状

组别 项目	A	B	C	D	E	F	G	H
大厂房	1	1		1	1			1
小厂房	1	1		1	1			
手工生产线		1				2		2
半自动生产线	1	4		1	5	3	1	7
全自动/柔性线	9	5		9	5	1	1	1
区域市场开发	1	1		1	1	1		1
国内市场开发	1	1		1	1	1		1
亚洲市场开发	1	1		1	1	1		1
国际市场开发	1	1		1	1	1	1	
ISO9000	1	1		1	1	1	1	1
ISO14000	1	1		1	1	1	1	
P2产品开发	1	1		1	1	1	1	1
P3产品开发	1	1		1		1		1
P4产品开发					1			
本地市场地位				1				
区域市场地位		1						
国内市场地位	1							
亚洲市场地位		1						
国际市场地位				1				
高利贷次数		3		3	2			

7.2.4 第六年末各组得分计算表（见表 7－19）

表 7－19　　　　　　　　　　　　综合得分计算表

项目	系数	A		B		D		E		F		G		H	
		数量	得分	数量	得分	数量	得分	数量	得分	数量	得分	数量	得分	数量	得分
大厂房	15	1	15	1	15	1	15	1	15					1	15
小厂房	10	1	10	1	10	1	10	1	10						
手工生产线	5			1	5					2				2	10
半自动生产线	10	1	10	4	40	1	10	5	50	3	30	1	10	7	70
全自动/柔性线	15	9	135	5	75	9	135	5	75	1	15	1	15	1	15
区域市场开发	10	1	10	1	10	1	10	1	10	1	10			1	10
国内市场开发	15	1	15	1	15	1	15	1	15	1	15			1	15
亚洲市场开发	20	1	20	1	20	1	20	1	20	1	20			1	20
国际市场开发	25	1	25	1	25	1	25	1	25	1	25	1	25		
ISO9000	10	1	10	1	10	1	10	1	10	1	10	1	10	1	10
ISO14000	10	1	10	1	10	1	10	1	10	1	10	1	10		
P2 产品开发	10	1	10	1	10	1	10	1	10	1	10	1	10	1	10
P3 产品开发	10	1	10	1	10	1	10			1	10			1	10
P4 产品开发	15							1	15						
本地市场地位	15					1	15								
区域市场地位	15			1	15										
国内市场地位	15	1	15												
亚洲市场地位	15			1	15										
国际市场地位	15					1	15								
系数得分			295		285		310		265		155		80		185
综合系数		3.95		3.85		4.1		3.65		2.55		1.8		2.85	
所有者权益		107		92		118		115		25		10		54	
实际得分		422.65		354.2		483.8		419.75		63.75		18		153.9	
高利贷扣分	15			3	45	3	45	2	30						
其他扣分															
总成绩		422.65		307.2		438.8		389.75		63.75		18		153.9	

说明：由于 C 组在第六年破产，这里没有计算该组的得分。

7.3 经营策略分析

表面的经营数字和过程实际上是各个模拟经营企业（小组）不同的经营策略、经营过程竞争的结果。本节将剖析各个模拟经营企业采取的策略，解析其经营成果。

7.3.1 A 组：幸运的亚军

A 组最后夺得亚军，应当说非常幸运。从策略上看，该组前期经营趋于保守，渡过困难的前两年后，规模发展，最后赢得胜利。

我们根据前面利润表提供的数据，分析该组的销售、毛利和净利润的变化情况（见图 7－2）。

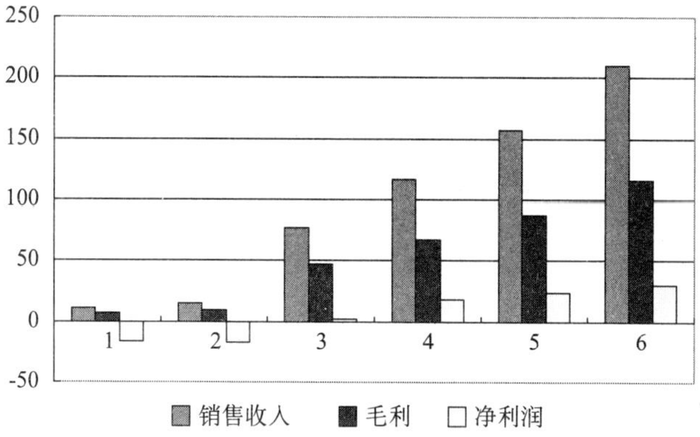

图 7－2 A 组各年度销售收入、毛利、净利润变化图

从图 7－2 中可以看出，该组在第一、二年销售收入和毛利都很少，净利润为负。第三年开始，销售收入、毛利和净利润同步稳定增加，呈现良性发展的态势，说明从第三年开始，企业逐步进入稳步发展的时期。

下面，我们结合前面提供的资料，对该组的筹资、投资、生产等策略进行分析，希望从该组的经营中吸取成功的经验和失败的教训。

（1）筹资策略。

企业要进行各种开发和投资，必须要有资金作保证。该案例中，前两年由于市场单一、产品单一，各组销售产品取得的收入相对比较少，在这种情况下，企业要进行无形资产和固定资产投资，扩大产能，必须想办法筹集资金。经营过程中，该组采用的筹资方式主要有三种，长期贷款、短期贷款和贴现。从资产负债表中，我们可以看出该组的举债筹资情况（见表 7－20）。

表 7－20　A 组各年举债筹资一览表

项目＼年份		第一年	第二年	第三年	第四年	第五年	第六年
长期贷款	借入		60				
短期贷款	借入		40	60	60	100	140

从表 7－20 我们可以看出，该组在第一年没有进行任何贷款，第二年最大限度贷入长期贷款，借入了 40M 的短期借款。从第三年开始，企业通过循环借入短期借款，较好地解决了资金的困难。那么，该组的筹资策略是否科学合理呢？

企业经营，起步阶段是最困难的，面临着资金紧张、市场狭窄、产品单一、生产线落后等问题。要解决市场、产品、生产线等投资问题，需要资金。但该组在第一年没有进行任何贷款，迫于资金的压力不得不暂停开发和投资，这样，企业就丧失了提前发展的机会。所以，从筹资的时机上来看，该组错过了最好的时机。但是，从筹集资金的结构上来看比较合理。在第二年，最大限度地贷入长期贷款，之后，利用短期贷款解决流动资金不足的问题，基本保证了资金的需要。

（2）无形资产投资策略。

无形资产投资包括产品研发、市场开拓和ISO资格认证投资，该组的无形资产投资策略见表7－21。

表7－21　　A组无形资产投资策略一览表

项目＼年份		第一年	第二年	第三年	第四年	第五年	第六年
产品开发	P2	2	4				
	P3		4	8			
市场开发	区域						√
	国内	√	√				
	亚洲	√		√			√
	国际	√	√	√		√	
ISO认证	9K			√	√		
	14K		√	√	√		

下面，我们分别对该组的无形资产投资策略进行分析：

◆ 产品研发：产品研发有的放矢、逐步推进，但研发时间拖后，错过了及时增强竞争实力的时机。第一、二年分别投入2M、4M开发P2产品，在第二年末开发完成，第三年投入生产。P3产品在第二年第三季度开始研发，第三年末完成，第四年投入生产。从产品上来看，该组在第一、二年只能生产P1产品，无法有效扩大销售，占领市场，抢占先机。

◆ 市场开发：从该组的市场开发投资可以看出，本组的目标市场主要定位在本地和国内市场，目标市场明确。但投资出现了一些失误，导致市场单一，产品销售不畅。该组开发出了所有的市场，但企业真正发挥作用的只有本地、国内和国际市场，其余市场虽然开发完成，并没有销售产品，没有达到开发市场的最终目的。市场开发完成时间比较晚，严重影响了产品的销售，造成了产品的积压，占用了资金。而且，企业在第一年开发了国内、亚洲和国际市场，但亚洲和国际市场中途暂停了投资，说明投资的时机出现了失误。从资产负债表上可以看出，企业在前三年的产品积压非常多，这与企业市场开发失误是分不开的。

◆ ISO认证：该组在第三年末将ISO9000和ISO14000开发出来了，从第四年开始就可以拿相应的产品，应当说比较合理。

（3）固定资产投资策略。

固定资产投资包括厂房和生产线的投资。

◆ 厂房：企业在经营期间，如果资金不足，可以通过出售厂房融资，待资金宽裕的时候，再将厂房购回。该组在整个经营期间，没有利用大厂房来筹集资金，导致不敢在前三年扩大投资和购买生产线，一定程度上错失了发展的时机。在第六年的时候，企业资金充裕，购买了小厂房。

◆ 生产线：从资产负债表中固定资产和在建工程的变化情况，我们可以分析出该组生产线的购置情况，如表 7－22 所示。

表 7－22　　　　A 组生产线投资情况一览表

项目＼年份	第二年				第三年				第四年				第五年				第六年			
	1	2	3	4	1	2	3	4	1	2	3	4	1	2	3	4	1	2	3	4
全自动生产线	8	8	8	8	4	4	4	4	8	8	8	8	8	8	16	8	8	8		

从该组生产线的投资情况来看，在第一年没有购买生产线，从第二年开始，该组陆续在大厂房新建、改建全自动生产线。到第四年结束，大厂房的生产线改建完成，第五年开始在小厂房投资建造全自动生产线。这样，到第六年结束，该组共有 9 条全自动生产线，1 条半自动生产线。生产线的建设没有盲目地一哄而上，较好地缓解了资金的压力。也正因为生产线建设稳步推进，企业的销售收入、毛利和净利润出现了同步增长的局面。

生产线的投资时间与产品开发同步，防止出现停工待产的情况。比如，第二年建造了两条全自动生产线，第三年第一季度就可以生产 P2 产品，而 P2 产品也在第二年研发完成，第三年第一季度投入生产，这样，产品研发完成的时间与生产线的完工时间步调一致，防止两者脱节出现停工待产的情况。

该组生产线的建造结果应该是不错的，但建造时间相对靠后，没有抓住提前改善生产线的有利时机，产能不能有效扩大，延缓了企业的发展。

（4）市场营销策略。

企业的营销主要围绕产品和市场进行。

从前面提供的利润表，我们可以分析出该组产品销售变化情况（见图 7－3）。从图中可以看出，企业在不同时期，产品销售策略是不相同的。第一、二年，由于企业的其他产品尚未开发出来，企业主要生产、销售 P1 产品，第三、四年，企业产品的重点开始转向 P1 和 P2 产品，第五、六年企业产品的重点是 P2 和 P3 产品。

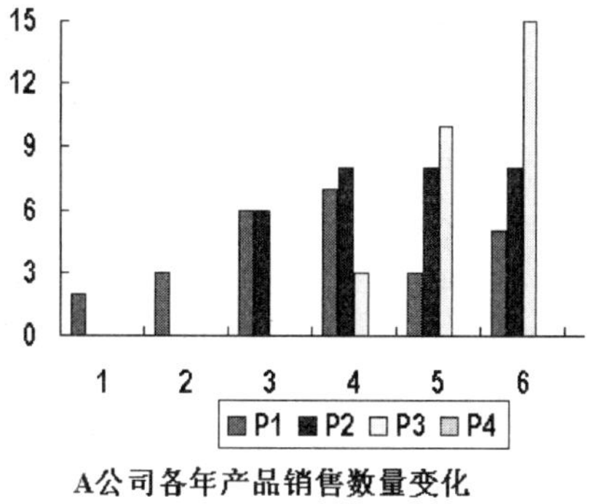

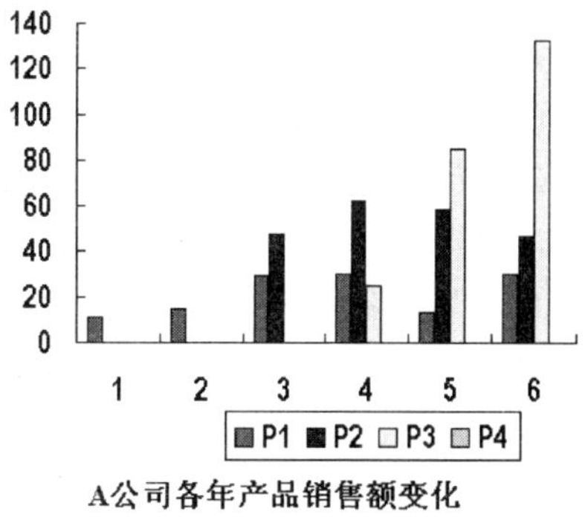

图 7－3　A 组销售数量和销售额变化情况

企业产品要实现销售，必须借助一定的营销策略。沙盘企业中，企业的营销策略主要是围绕广告策略进行的。成功的广告策略，应当是以较少的广告投入实现较多的产品销售。A 组的广告投入与销售收入情况如表 7－23 所示。

表 7 - 23　　A 组广告投入与销售收入统计表

项目	第一年	第二年	第三年	第四年	第五年	第六年
广告投入	3	5	12	8	13	21
销售收入	11	15	77	117	157	210
投入产出比	3.67	3.00	6.42	14.63	12.08	10.00

从表 7 - 23 可以看出，该组在前三年广告投入产出比是比较低的，说明企业间产品销售竞争激烈。后三年企业的投入产出比相对比较高，说明企业采取了合理的市场和产品策略，取得了比较好的销售效果。下面，我们分析该组的广告策略。

第一年，只有本地市场，竞争非常激烈。该组投放了 3M 的广告费，取得了 2 个 P1 产品 11M 的销售收入，应该说在第一年这个销售业绩还是可以接受的。由于市场很单一，产品销售渠道少，所以，第一年产品积压严重。

第二年，企业为了减少库存，增加收入，不得不投放较多的广告费。由于企业没有开发区域市场，产品只能在本地一个市场销售，企业虽然投入了高达 5M 的广告费，但仍只得到 3 个产品的销售订单，广告投入产出比很低。

第三年，该企业抓住了各个组资金相对紧张的有利时机，在本地市场和国内市场取得了相对满意的订单，并“意外”地取得了国内市场的市场老大地位，这为企业以后产品的顺利销售奠定了良好的基础。同时，企业由于资金控制得比较好，没有出现资金问题，这也为企业后三年的顺利发展创造了条件。但是，由于前两年市场开发的失误，导致企业市场单一，产品仍然积压比较严重。

第四年，每个企业都面临归还长期贷款的压力，加之第三年各个组所有者权益都不高，所以每个企业的资金压力非常大。正因为如此，各个组在广告费上的投放都比较“小气”，出现了有市场老大的坚守老大的市场，没有老大的就四处打游击战的局面。同样，A 组在这一年的策略也是全力固守国内市场，将主要的产品都放在这个市场销售，应该说销售是比较成功的。但是，该组在第四年中断了亚洲市场的开发，导致在第五年、第六年企业没有进入亚洲市场，失去了一些市场机会。

第五年、第六年，各组的实力出现两极分化，经营好的企业开始奋力前进，经营差的企业还在为生存而努力。正是在这样的情况下，A 组的营销策略非常成功，最后将所有的产品全部销售出去，没有出现库存。同时，在第六年，利用充裕的现金，将小厂房购回。应该说，后两年，该组的经营基本上是正常的，没有出现大的失误。

综合来看，A 组采取稳步推进的经营策略，但在头两年显得过分保守，在资金的筹集、生产线的购买和市场的开发上面都显得非常缓慢，错失了快速发展、提前发展的机会。该组最后的所有者权益为 107M，在整个小组中处于第三位，但由于该组资金控制比较好，没有借高利贷，没有任何扣分，经过综合计算，综合总得分 422.65 分，处于第二位，“意外”地获得亚军。

7.3.2　B 组：理想≠现实

B 组的经营风格与 A 组完全相反，采取的是激进式的经营策略，大力借款，大力开发产品和市场，集中精力购建全自动生产线，但由于产能扩大过快，导致资金需求过多，出现了资金困难，后期主要靠高利贷和贴现勉强维持经营。应该说，这是一种比较典型的理想主义经营模式，这种经营模式在前期过度开发和产能扩张，如果资金控制不好，容易出现资金断流的风险，所以采用这种模式关键在于控制好资金，并做到产品、市场的协调发展。

我们根据前面利润表提供的数据，分析该组的销售、毛利和净利润的变化情况（见图 7－4）。

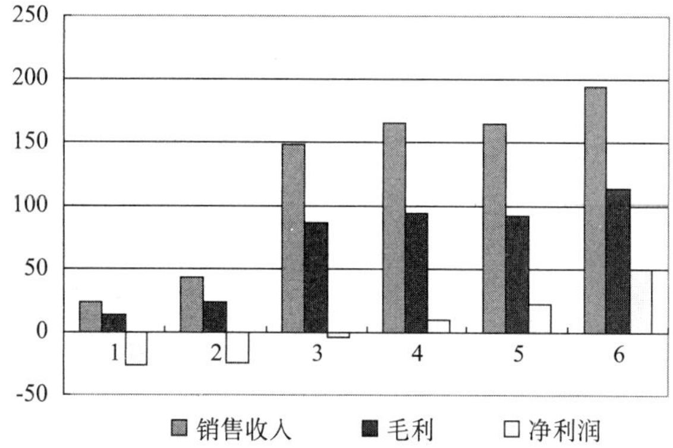

图 7－4　B 组各年度销售额、毛利、净利润变化图

从图 7－4 可以看出，从第三年开始，该组每年的销售额达到了 150M 以上，毛利基本也在 90M 以上，但是净利润却很少，而且增长缓慢。那么，是什么原因导致该组的销售收入、毛利和净利润没有同步增长呢？要弄清楚这个问题，我们必须结合该组的投资策略进行分析。

（1）筹资策略。

我们通过资产负债表可以分析出该组的筹资情况如表 7－24 所示。

表 7－24　B 组各年举债筹资一览表

项目＼年份	第一年	第二年	第三年	第四年	第五年	第六年
长期贷款	80					
短期贷款		60	60	20	40	80
高利贷			40	40	20	20

从表 7－24 我们可以看出，该组在第一年最大限度地贷入了长期贷款，没有进行短期贷款。从第二年开始，最大限度地进行了短期贷款，但是，资金困难仍然从第三年开始体现。为此，企业不得不通过高利贷来维持正常的经营。大量举债，虽然解决了资金的困难，但同时增大了企业的财务费用，严重吞噬了企业的利润。通过计算我们发现，仅仅是由于借入高利贷，比正常的长期贷款多发生的财务费用就达 12M，而且还面临扣分的惩罚。该组的利润表显示：第三年至第六年，其财务费用分别为：35M、39M、24M、15M。巨大的财务费用支出，不仅导致企业的所有者权益上升很慢，而且还牵制了企业的后期发展。那么，是什么导致该组大量举债，甚至大量借入高利贷呢？这就涉及企业的投资问题了。

（2）无形资产投资策略。

该组的无形资产投资策略如表 7－25 所示。

表 7－25　　B 组无形资产投资策略一览表

项目＼年份		第一年	第二年	第三年	第四年	第五年	第六年
产品开发	P2	4	2				
	P3	8	4				
市场开发	区域	√					
	国内	√	√				
	亚洲	√	√	√			
	国际	√	√	√	√		
ISO 认证	9K		√	√			
	14K		√	√	√		

从企业的投资策略可以看出，企业在第一年一举开发了 P2 和 P3 两种产品，开拓了所有的市场，仅这两项投资就投入资金 16M，而在第一年，企业的收入非常少，为此，不得不通过贷款维持经营。由于开发费用和贷款利息直接作为当期的费用，计入当期利润，企业的所有者权益迅速减少，影响了企业的贷款额度。而且，该组可能忽略了一个问题，企业将两种产品开发出来以后，要生产就需要购买材料，买材料需要占用较多的资金，这对企业的资金也是一个非常大的影响。

从企业的无形资产投资我们可以看出，该组希望提前利用扩大的生产能力，生产多种产品，进入多个市场，先声夺人，提前提高企业的实力。但是，百密一疏，企业忽略了资金，没有预算到资金的不足以及解决的办法，这是企业失败的最根本原因。

（3）固定资产投资。

◆ 厂房：该组没有利用出售厂房来筹集资金，在资金极度紧张的情况下，利用厂房筹集资金比高利贷对企业更有利。

◆ 生产线：该组的生产线建设与企业产品的开发出现了一定失误。下面，我们来看一下该组生产线投资情况（见表 7－26）。

表 7－26　　B 组生产线投资一览表

项目＼年份		第一年				第二年				第三年				第四年			
		1	2	3	4	1	2	3	4	1	2	3	4	1	2	3	4
生产线	全自动	12	12	12	12	4	4	4	4								

从表 7－26 可以看出，第一年，购买了三条全自动生产线，出售了两条手工生产线。为了进一步扩大产能，该组第二年在小厂房扩建了一条全自动生产线，并力图通过产能的扩大来增加收入，弥补费用的增加。但从生产线投资的数量来说，应当是比较匹配的。那么，企业的问题出现在什么地方呢？通过仔细分析，我们发现：

第一，生产线购建速度过快，没有预计可能出现的资金困难。在第一年，企业进行了各种开发，改造了大厂房的三条生产线，已经占用了很多的资金，而企业真正扩大产能，将产能转化为收入是在第三年，也就是说，企业要在第三年才能逐步实现收入的增加。但是，企业由于借入了高额的贷款，导致财务费用急剧增加，要生产 P2 和 P3 产品，还需要垫支较多的材料资金。

第二，生产线投资建设的时间与产品开发出现了一定的失误。由于企业的产品开发在第二年的第三季度才完成，但第一年企业的生产线就投资完成，在第二年空置了两个季度，形成了资金的占用，不是很合理。

第三，在资金压力比较大的情况下，盲目扩充生产线是企业失败的根本。第二年，该组还仍然没有意识到巨大资金需求，仍然很乐观地按照既定策略进行。年初，盲目地在小厂房扩建了一条全自动生产线，这为企业的发展埋下了祸根。因为使用小厂房，意味着企业就必须在年末支付租金。支付租金，一方面减少了现金；另一方面，也直接增加了当期的综合费用，减少了当期的所有者权益。其实，即使该组企业在第二年不扩建小厂房的生产线，企业在第三年年初也已经面临资金短缺的问题了。我们从企业的资产负债表中可以看出，企业在第二年年末的现金为17M，如果不扩建生产线，可以减少当期支出19M（生产线安装费16M+小厂房租金3M），就是说现金增加19M，两项相加，企业在下年年初的现金只有35M，而投入广告费为15M，假设广告费减少为10M，企业在年初支付广告费后的现金为25M，而企业年初需要偿还短期借款60M，由于企业第二年的所有者权益为17M（14M+3M），企业能续贷的短期借款只能是20M，这样，企业还短缺15M，而且还没有考虑马上要购买材料的材料款支出和加工费支出。所以，企业在第二年扩大产能的决策是失误的，这是该组陷入困境的最直接原因。企业如果在第二年年初意识到资金面临的困境，唯一的方法就是将大厂房在第一季度出售，这样，在第三年第一季度，企业可以收回40M的现金，暂时渡过难关。

最终，该组最初的雄心壮志，由于资金的问题导致了企业最终的失败。前面我们分析了，该组的销售收入和毛利从第三年开始每年都比较多，但是，巨大的费用支出，吞噬了企业的利润，导致净利润增长缓慢。所以，企业在进行决策时，应当综合全面分析，通盘考虑，一方面扩大收入，另一方面，努力控制和降低企业的费用，使企业的利润与收入同步增长。

7.3.3 C组：痛，并不快乐

C组破产了。

从报表来看，该组是在第六年破产的，但分析报表，我们发现该组应该在第四年破产，因为该组在第四年已经没有厂房，却没有交纳租金，如果将租金费用计算在内，该组在第四年的所有者权益为-5M。连年经营，连年亏损。应该说，过程没有享受到成功的快乐，结果也令人痛苦。透过该组的经营，我们能吸取什么教训呢？

我们先看一下该组的经营情况（见图7-5）。

从图7-5我们可以看出，该组的销售收入比较少，而且增长缓慢。产品毛利在第三年以后逐步下降，说明企业产品的销售价格在逐年降低，销售策略上出现了问题。从净利润来看，虽然每年亏损的金额在减少，但是由于销售收入没有增加，毛利逐年降低，虽然控制了一些费用的发生，但仍然入不敷出，最终导致所有者权益为负，破产倒闭。下面，我们简单分析一下该组的失误之处。

（1）产品的研发与生产线的购建不协调、不匹配。

◆ 产品研发与生产线购建的数量不匹配。第一年，该组将P2和P3产品一起研发（见表7-27），如果产品研发完成，投入生产，至少需要两条以上的生产线。但是，企业只购

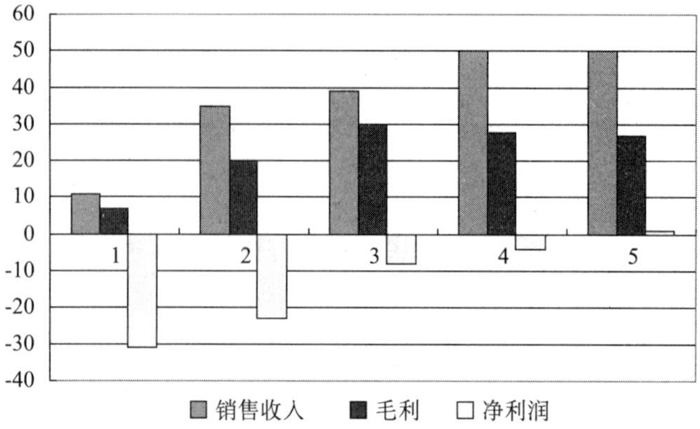

图 7－5　C 组各年度销售额、毛利、净利润变化图

建了一条全自动生产线，也就是说，产品研发出来后，面临生产线短缺的困难。如果生产线不能满足生产需要，就意味着产品研发的时机不恰当。

◆ 产品研发与生产线购建的时间不匹配。企业产品研发是从第一年的第一季度开始的，完成的时间是第二年第三季度。也就是说，企业的 P2 和 P3 产品，必须在第二年的第三季度才能生产。但是，企业生产线的购建时间是从第一年的第一季度开始的，完成时间为第二年第一季度。这样，产品研发完工的时间与生产线完工的时间不一致，造成生产线闲置两个季度。在资金紧张的情况下，造成了资金的占用，降低了资金的使用效率。所以，企业在生产线建设时，可以推迟两个季度。

该企业产品开发与生产线投资情况如表 7－27 所示。

表 7－27　　C 组产品开发与生产线投资情况

项目＼年份		第一年	第二年	第三年	第四年	第五年	第六年
产品开发	P2	4	2				
	P3	8	4				
生产线	全自动	4					

（2）资金筹集和资金预算出现了失误。

◆ 企业筹集的资金与其研发支出不匹配。企业在第一年借入长期借款 40M，应该说，借款的金额与其研发支出等是不匹配的。因为，在头三年，从企业的生产线情况来看，产能情况并不理想，相应其销售收入也不会也很大的改观。在现金流出远多于现金流入的情况下，借款金额过少势必对后期的资金造成压力。同时，企业在第三年开始借入高利贷，应该说是完全可以避免的。如果企业能合理预计现金收支，企业应该在第二年出售大厂房，可以化解第三年的资金缺口。

◆ 资金预算不准确，造成了资金的被动。从该组开发投资与筹资情况表（见表 7－28）可以看出，企业市场开发开发了区域、国内和亚洲市场，但是，亚洲市场在第三年停止了开发，同样，企业进行了 ISO 认证投资，但是，ISO14000 在第三年也停止了投资，都是半途而废。为什么？原因只有一个，就是企业没有作出准确的资金预算，导致最后资金短缺不得不停止投资，既造成了资金的浪费，也影响了企业的利润。

表 7 - 28　　C 组开发投资与筹资情况

项目＼年份		第一年	第二年	第三年	第四年	第五年	第六年
市场开发	区域	√					
	国内	√	√				
	亚洲	√	√				
ISO 认证	9K	√	√				
	14K	√	√				
长期贷款	借入	40					
短期贷款	借入	40	60				
高利贷	借入			40	40	40	

(3) 营销策略发生了失误。第二年，该组的营销策略在区域市场大获全胜。由于只有 B 组、C 组、D 组和 F 组进入区域市场，但区域市场 P2 产品竞争非常小，使得该组以 2M 的广告费取得了该市场的市场老大。但是，该组在第三年却没有发挥区域市场老大的优势，出现了重大的营销失误，导致产品积压，销售收入没有相应增加。

该组在第三年的广告投放情况如表 7 - 29 所示。

表 7 - 29　　C 组开发投资与筹资情况

	本地	区域	国内	合计
P1				
P2		1	1	2
P3	1			1
合计	1	1	1	3

从表 7 - 29 可以看出，该组的广告费投放非常分散，没有牢牢抓住区域市场老大优先选单的机会扩大销售，这是营销上最大的失误，这种失误对于企业来说是非常致命的。从报表上我们无法看出该组的产能情况，不知道该组目前到底有没有 P1 产品。但单纯根据常理分析，该组应该还在生产 P1 产品，但该组没有投放 P1 的广告，不知道这是为什么。但从资产负债表中看出，该组在第三年年末还有 16M 的产成品，至少可以说明，该组在产品生产的安排与营销策略的配合上是失误的。

(4) 原材料采购计算不准确，造成了原材料的积压。从资产负债表上可以看出，该组每年年末都有原材料库存，特别是在资金压力比较大的第三年，年末还有 9M 的原材料库存。这从一个侧面反映了该组的原材料采购计划编制不准确，导致原材料库存，造成了资金的积压。

总之，该组的经营策略比较混乱，思路不清晰。在资金上没有做出准确的预算，产品的研发与生产线的购建不匹配。同时，经营过程中没有把握市场老大的机会，失去了扩大销售，失去了挽回败局的时机。

7.3.4　D 组：成功的冠军

D 组作为本次比赛的冠军，采取的是激进但不冒进的经营策略，合理预算资金，大胆开发产品和市场，及时扩大产能，通过科学的营销策略，及时销售产品，增加收入，增加利润，取得了比较好的市场效果。经营过程中，虽然资金出现了一点困难，但通过借入高利贷解决了资金的问题，最后取得了成功。

我们先看一下该组的销售收入、毛利与净利润变化情况（见图 7 - 6）。

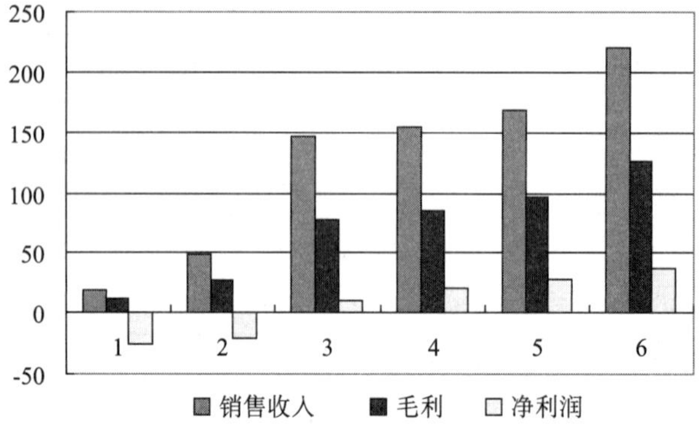

图 7 - 6　销售收入、毛利与净利润变化情况

从图 7 - 6 可以看出，企业在前两年销售收入较少，毛利少，净利润为负数。第三年，企业的销售收入和毛利迅速增加并开始盈利。从第三年开始，企业的销售收入、毛利、净利润平稳增长，说明企业基本步入正轨。下面，我们分析该组经营的成功之处。

（1）在准确预算资金需求的前提下，尽早实现产能和市场的最大化。

从该组的产品开发与生产线投资情况（见表 7 - 30）可以看出，本组第一年全力开发 P2、P3 产品，对所有的市场进行了开发。为了使产品开发完成后迅速投入生产，第一年的第三季度在大厂房新建了两条、改建了一条全自动生产线（出售一条手工生产线），产品开发完工的时间与生产线完工的时间完全一致，尽早实现产能、市场的最大化，为后期抢夺市场、提升企业综合竞争力创造了有利条件。

表 7 - 30　　D 组产品开发与生产线投资情况

项目＼年份		第一年	第二年	第三年	第四年	第五年	第六年
产品开发	P2	4	2				
	P3	8	4				
生产线	全自动	24	40		16	48	
	半自动					8	

其他组也有这种投资策略，基本上都是以失败而告终，但该组采用这种策略却能取得成功，为什么呢？这是因为本组把握了以下几个关键：一是通过科学的资金预算和严格的资金控制，有效解决了资金短缺的问题。本组通过预算，提早采取了应对资金短缺的措施。除了采用借款筹集资金外，还出售了大厂房，缓解了资金的压力。二是企业采取了错位竞争的营销策略，把握住市场机会，及时将产品销售出去，及时收回垫支的成本。三是产品开发、市场开发、生产线的建设同步协调进行。本组没有在第一年的第一季度投资新生产线，而是在第三季度投资建设，做到产品开发完成的时间与生产线完工的时间相一致，既保证了产品的

生产，也不会由于生产线的空置而积压资金。

（2）准确把握不同阶段的重点产品和重点市场，避免了各组之间的恶性竞争，为控制费用支出，实现产品销售创造了条件，为取得市场老大提供了机会。

本组对于自己的重点产品和重点市场非常明确，在第二、三年，该组的重点产品是 P3，重点市场是本地市场。从“第二年广告投放与订单统计表”分析，该组在第二年产品开发完成后，在新建的三条全自动生产线上同时生产 P3 产品，放弃了 P2 产品的生产。P2 产品停止了两个季度，在第三年第一季度才在改建的全自动生产线上生产。该组采取的这种策略一是产品错位，防止过度竞争，二是为第二年抢占市场埋下伏笔。

在第二年，该组通过巨额广告和没有竞争对手的 P3 全力进攻本地市场，并最终从 H 组手中抢得市场老大，为后期产品的顺利销售铺平了道路。应该说，该组的成功，与第二年战略和战术的成功是密不可分的。

（3）充分发挥本地市场老大的优势，牢牢把握本地市场，扩大产品的销售。

本组在第二年成功取得本地市场老大地位后，利用优先选单的机会，积极扩大产品在本地市场的销售，一方面保证了产品销售，另一方面，节约了广告费用。从“第二年广告投放与订单统计表”可以看出，企业从第三年到第五年，企业的产品主要在本地市场销售，这也从一个侧面反映本地市场对该组销售的相关程度。

（4）科学合理筹资，有效解决了资金短缺的问题。

从该组的筹资情况（见表 7 - 31）可以看出，本组由于在第一年大力开发产品、市场，大力购建生产线，并在第二年全力生产 P3 产品，这对资金的需求非常大，稍有疏忽，就容易导致资金短缺。该组在第一年就最大限度地借入了 80M 的长期借款，为了解决流动资金的问题，借入了 20M 的短期借款。在第二年，出售了大厂房，取得了 40M 的应收款，极大地缓解了第三年的资金压力。但是，由于过多的资金支出，该组还是在第三年至第五年出现了资金短缺的问题，不得不通过借入高利贷来渡过难关，这也在一定程度上为企业最后的总成绩带来了负面的影响。另外，该组借入的长期借款期限为 4 年，这样不得不在第五年归还，一定程度上带来了第五年还贷的资金压力。

表 7 - 31　　D 组筹资情况

项目＼年份		第一年	第二年	第三年	第四年	第五年	第六年
长期贷款	借入	80					
短期贷款	借入	20	40	20	60	100	160
高利贷	借入			20	20	20	

（5）稳扎稳打，稳中求胜。

本组的经营一直比较稳健，第二年改建了生产线后；第三年没有改建生产线；第四年，该组为了扩大产能，在小厂房新建了一条全自动生产线，当企业渡过资金比较紧张的第四年后；第五年全面扩建、改建生产线。当然，该组在第四年是否应当在小厂房建这一条全自动生产线，可能值得仔细推敲。

总之，D 组能取得最后的胜利，第一在于决策的正确；第二在于科学地控制资金；第三在于准确地把握市场，控制企业的发展节奏。

7.3.5 E 组：委屈的季军

E 组经过六年的经营，所有者权益在整个比赛队伍中处于第二名，比亚军的 A 组还多，但由于借入了高利贷被扣分，最后因为总分低于 A 组而成为该次比赛的季军。本组的经营风格与 A 组相似，属于稳健经营型，但是在经营策略上又有自己的特点。下面，先看一下该组的销售收入、毛利和净利润情况（见图 7－7）。

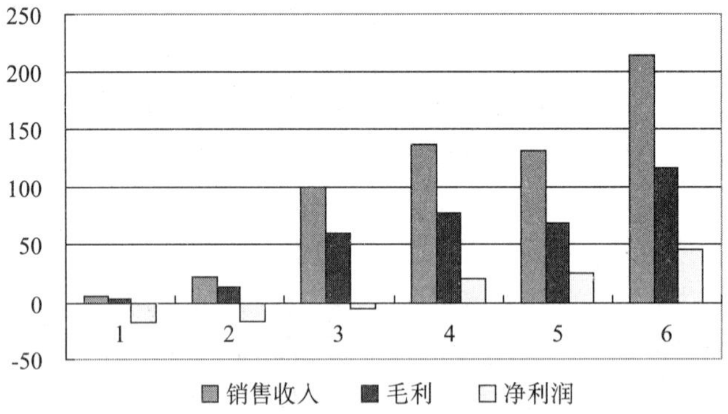

图 7－7　E 组销售收入、毛利和净利润情况

从图 7－7 可以看出，该组第一、二年的销售收入、毛利都很少，净利润为负数，第三年销售收入和毛利增长很快，但仍然亏损，说明费用支出很多；第四、五年销售收入和毛利增长缓慢，第五年甚至还在下降，说明销售出现了一定的问题。第六年销售收入、毛利、净利润大幅增加。总的来看，该组经营不稳定，没有及时将生产力转化为盈利能力。

从策略上来看，该组采取了非常稳健的策略，具体表现在以下几个方面：第一，面对激烈竞争的本地市场，该组第一年只投放了 1M 的广告费，非常低调，充分显示了该组志在高远的决心。第二，产品、市场开发稳步推进。第一年，该组只开发了 P2 产品、国内和国际市场，在资金压力逐步缓解的情况下，逐步开发其他的产品、市场和认证。该组这样做的目的主要有两个，控制资金和费用支出，从而为以后的融资和全面扩大产能奠定基础。第三，产品错位生产。本组瞄准 P4 产品没有企业开发的机会，开发了 P4 产品，这样，从第四年开始，在每个市场投入较少的广告费就可以在保证产品的销售。

正是采用这种稳健的策略，该组在第六年的所有者权益为 115M，仅仅比冠军 D 组少 3M。那么，该组的经营有哪些地方值得总结呢？前面，我们已经分析，该组经营不稳定，盈利时间靠后，所以，这里我们重点分析该组经营策略上存在的不足，以期能引起大家的思考。也许正是由于本组经营过于稳健，导致出现了一些失误，主要表现在以下几个方面：

第一，筹资策略不够科学。从表 7－32 我们可以看出，该组在第四年和第五年分别借入了 20M 的高利贷，正是因为高利贷的扣分，使本组最后的得分少于 A 组屈居第三名。如果该组能控制好资金，把筹资问题解决好，那么应该能取得更好的成绩。应该说，企业如果采用这种投资策略，长期借款和短期借款的借款额度已经用完，还有什么办法可以解决资金的问题呢？其实，可以借鉴 D 组的做法，第三年将大厂房出售，第四年应收款到期，企业就可以不借高利贷，而且使第三年的所有者为 20，对第四年借入短期借款不会产生任何影响。当然，在经营过程中，是否要出售厂房、什么时候出售厂房取决于企业的经营决策和资金的状况。

表 7 – 32 E组举债筹集资金情况

年份 / 项目		第一年	第二年	第三年	第四年	第五年	第六年
长期贷款	借入		20	20			
短期贷款	借入	60	80	60	40	80	140
高利贷	借入				20	20	

第二，第一年投资建造柔性生产线不够科学。从表 7 – 33 看出，第一年资金比较紧张的情况下，该组首先投资建造柔性生产线，既占用了资金，又暂时不能发挥应有的作用。由于企业开发 P2 产品要在第二年第三季度才能完工，企业投资柔性生产线就只有先生产 P1，当 P2 开发出来后马上转产 P2。这种思路应该说是正确的，但是，这里忽略了一个问题，在前三年，由于市场少，P1 产品本身就积压严重，再生产 P1 只会造成更多的库存，对企业是不利的。如果企业能在第一年第三季度建设三条全自动生产线，既解决了产能的问题，同时对当期的所有者权益也没有影响，如果再配合市场开发，那么企业的产品销售会好一些，资金回收快一些，企业的资金压力也相应小一些。

表 7 – 33 E组市场开发投资情况

年份 / 项目		第一年	第二年	第三年	第四年	第五年	第六年
生产线	全自动	8	24		16	16	
	柔性	24					
	半自动						32

第三，市场开发过晚，导致前三年产品积压过多，严重影响了资金的回笼以及销售收入的增加。从资产负债表中可以看出，该组在前三年产品库存分别为 16M，26M 和 24M，产品积压相当严重。导致出现这种情况的根本原因在于市场单一，产品销售渠道不多。从表 7 – 34 可以看出，由于企业在第一年没有开发区域市场，导致第二年只有本地市场可供销售产品，势必增加竞争的激烈程度。企业如果在第一年多开发两个市场，对资金不会构成太大的压力，而且由于第二年市场的扩大，销售收入的增加，可以弥补市场开发支出的资金和费用。当然，由于产品、市场开发和生产线购建三者都与资金息息相关，所以，企业要重点解决好资金的问题。

表 7 – 34 E组市场开发投资情况

年份 / 项目		第一年	第二年	第三年	第四年	第五年	第六年
市场开发	区域		√				
	国内	√	√				
	亚洲	√	√	√			
	国际		√	√	√	√	

第四，企业没有完全发挥 P4 产品销售单价高、没有竞争对手的优势抢夺市场老大，对企业造成了潜在的影响。企业生产 P4 产品，占用的资金多，其单价一般高于 P3 产品。从市场预测图上我们可以看出，P4 的单价只略高于 P3，有的市场 P4 毛利可能还不及 P3，那么在这种情况之下选择 P4 产品生产，就应当发挥 P4 的作用，积极抢占市场老大，为下年节约广告费，增加销售收入。通过对企业广告投放情况的分析，我们可以看出，企业对 P4 广告的投放应当说比较均衡，主要目的是以销售为主，而不是抢夺市场老大。

当然，在企业竞争过程中，由于市场和对手策略的不确定性，企业要做好决策应当多方面分析，增加随机应变能力，这样方能处于不败之地。

7.3.6　F 组：步履蹒跚

F 组的生产线很少，相应生产能力很有限，销售收入一直上不去，到经营结束，企业仅仅在第四年和第六年有盈利，应该说，企业的经营总是处于很艰难的境地。我们先看一下该组的销售收入、毛利和净利润情况（见图 7－8）。

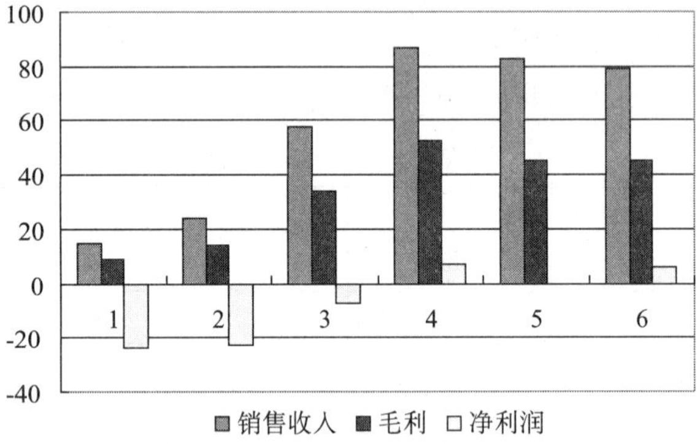

图 7－8　F 组销售收入、毛利和净利润情况

从图 7－8 可以看出，该组的经营情况分为两个阶段，第一阶段是第一年至第三年，销售收入、毛利稳步增长，连年亏损；第二阶段为后三年，销售收入、毛利逐年下降，净利润很少。但总体来看，销售收入都很少。第四年企业销售收入最多，但也没有突破 100M，这不得不分析其中的原因。下面，我们重点分析该组在经营过程中出现的问题：

（1）第一年的广告费投入没有达到预期的效果，对该组决策产生了消极的影响。在第一年，该组投入了 8M 的广告费，拿到了 3 个 P1 产品的销售订单，销售收入 15M。如果单纯从广告投入产出比来看的话，这个结果肯定是不满意的，但因为是第一年，这个结果也还不算最坏。但是，因为销售收入与广告投入不成比例，对该组成员的心理上产生了一定的消极影响，导致决策上出现了失误。

（2）没有合理利用筹资规则筹集资金，导致因为资金的原因影响了产能的扩大，错失了企业发展的机遇。该企业在经营过程中 P3 产品、ISO 认证的开发中断过，说明该组资金出现了问题。企业也非常希望扩大产能，但可能是因为资金的原因，也仅仅分别在第三年和第六年各购买了一条半自动生产线，显得非常无奈。从表 7－35 可以看出，企业在第一年仅仅借入了 40M 的长期借款，在前两年都没有借入短期借款，而在第三年，企业在发现资金紧张后，及时出售了大厂房，解决了资金紧张的难题。如果企业能在第一年借入 40M 的短期借款，利用这些借款扩建全自动生产线，及时扩大产能，在第二年年初出售大厂房，解决第三年的资金问题。由于市场的扩大，销售的增加，第三年产品的销售收入会明显好转，这种情况下，企业就可能步入良性发展的轨道。

表 7 – 35　　F 组资金筹集情况

项目＼年份		第一年	第二年	第三年	第四年	第五年	第六年
长期贷款	借入	40					
短期贷款	借入			20	20	20	20

（3）产品的开发与生产线的建设没有协调发展，出现了“跛脚现象”。企业在第一年投资了 P2 产品的研发，之后，第二年又开始研发 P3 产品。从表 7 – 36 可以看出，企业生产数量少，建设缓慢。第二年仅仅有一条全自动生产线完工投入产品生产。如果 P3 产品研发成功，将面临没有生产线生产的尴尬局面。那至少说明，要么是产品的开发过于仓促，要么是生产线的建设没有跟上步伐。当然，这主要是在投资决策和资金的控制上出现了问题。

表 7 – 36　　F 组市场开发投资情况

项目＼年份		第一年	第二年	第三年	第四年	第五年	第六年
生产线	全自动	8	8				
	半自动				8		8

综上所述，该组由于没有合理筹集资金，导致产能没有有效扩大，销售收入增长缓慢。如果企业能把以上问题解决好的话，最后结果还很难预料。

7.3.7　G 组：痛，还是痛

G 组从经营之初到经营期结束，经营得非常困难。六年经营，四年亏损，另外两年也只是微利。那么该组的问题出在什么地方呢？

我们看一下该组经营期间各年的销售收入、毛利、净利润变化情况（见图 7 – 9）。

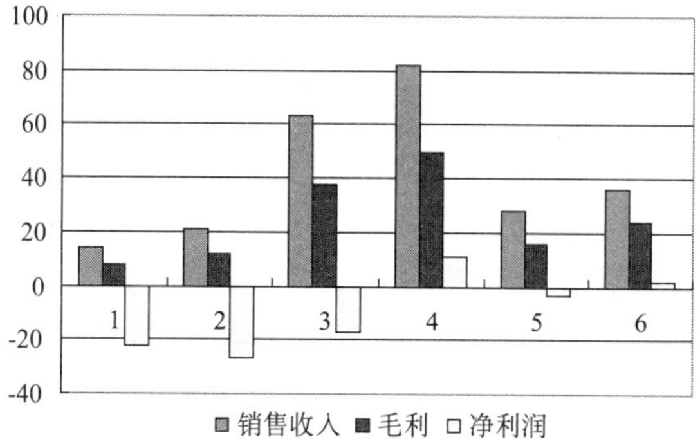

图 7 – 9　G 组销售收入、毛利和净利润情况

从图 7 – 9 可以看出，该组六年经营四年亏损，除第三、四年销售收入和毛利稍好，其余年份销售收入和毛利都很少。六年经营，每年的销售收入均未超过 100M。结合报表，我

们发现，该组只开发了 P2 产品，在第一年投资建设了一条柔性生产线，开发了除区域市场外的所有市场，进行了 ISO9000 和 ISO14000D 认证开发，因为资金困难，在第三年不得不出售大厂房，第四年不得不通过出售手工生产线降低设备维护费来增加企业的权益。第六年经营结束时，只剩一条半自动生产线和一条全自动生产线。可以说，经营得非常痛苦。那么，是什么原因导致出现这种情况呢？通过分析，我们认为，该组在决策上有一些失误，主要表现在以下几个方面：

（1）生产线建设失误。企业如果要抢占市场，必须要有丰富的产品，包括产品的品种和数量，而要有丰富的产品，必须要有配套的生产线作为支撑。从表 7－37 可以看出，企业只在第一年投资建设了一条柔性生产线，在第三年扩建了一条半自动生产线。这种结构和数量的生产线，显然不能满足企业扩大产品销售实现利润的需要。

表 7－37　　G 组生产线投资情况

项目＼年份		第一年	第二年	第三年	第四年	第五年	第六年
生产线	全自动	24					
	半自动			8			

（2）生产线与企业市场开发不协调。从表 7－38 可以看出，企业的生产线虽然很少，产能比较低，但是，企业却开发了国内、亚洲和国际市场，进行了所有的质量认证。由于企业的生产能力没有跟上，开发了这么多市场，可能会面临有市场但没有产品销售的情况。所以，企业市场开发与生产线的建设是不匹配的。

表 7－38　　G 组市场开发与 ISO 认证投资情况

项目＼年份		第一年	第二年	第三年	第四年	第五年	第六年
市场开发	国内	√	√				
	亚洲	√	√	√			
	国际	√	√	√	√		
ISO 认证	9000		√	√			
	14000	√	√	√			

（3）融资策略不够科学，影响了扩大产能的决策。企业在第一年和第二年分别借入了 20M 的长期借款，第一、二、三年分别借入短期借款 20M、40M 和 20M，第四年由于没有借款额度，无法借款。这种融资策略，对于解决资金日常周转有帮助，却无法满足长期投资的资金需要。企业应当在前期通过长期借款与短期借款相配合，进行产品和市场的开发，同时扩建生产线，通过扩大销售来增加企业的收入。所谓开源节流，关键还在于开源。如果企业不增强自身实力，面对残酷的市场就只能处于任人宰割的境地。

综上，该组经营艰难，关键在于没有科学地筹集资金，没有解决好长期资金、短期资金与企业投资相配合问题；从生产线建设来看，生产线单一，数量少，与开发的市场不匹配，出现有市场没有产品的尴尬局面，从而导致企业销售收入不能稳步增长和利润的实现。

7.3.8 H组：曾经辉煌

H组在第一年投入了16M的广告费用拿到了本地市场的老大，这样的开局应当说还是比较理想的。但是第二年却拱手将市场老大让给了B组，失去了很好的发展机会。该组虽然拥有P2和P3两种产品的生产资格，但是他们的生产线落后，产能低下，最后只能眼看其他小组遥遥领先。

我们看一下该组经营期间各年的销售收入、毛利、净利润变化情况（见图7－10）。

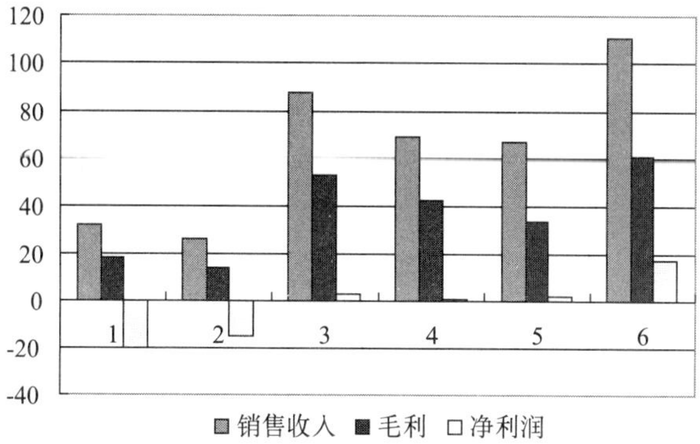

图7－10 H组销售收入、毛利和净利润情况

从图7－10可以看出，该组销售波动比较大，特别是第四、第五年，销售收入和毛利不仅没有增长，反而呈下降的趋势。纵观六年，销售收入没有大的突破，即使是销售收入最多的第六年，销售收入也不到120M。那么，该组的问题出在什么地方呢？有哪些方面值得总结和引起注意呢？

（1）第一年广告费支出过多，对后期资金造成了压力。通过前面的分析，我们已经明确，广告费用不仅直接导致现金流出，而且直接计入当期的销售费用，减少当期利润，影响所有者权益。在第一年，该组非常希望得到市场老大地位，因为按照普遍的逻辑，取得了市场老大，企业在下一年可以优先选单，而且可以降低广告费用，对企业应该是非常有利的。但前提一定是不能因为争取市场老大而伤了元气。该组第一年虽然取得了本地市场的市场老大，但却付出了16M的高额代价，对后期的发展造成了一定的资金压力。

（2）没有巩固市场老大地位，使市场老大没有发挥应有的作用。市场老大的优势在于在下一年可以优先选单，减少广告投入。第一年，该组通过高额代价取得本地市场老大，第二年，由于产品单一（只有P1产品），不得不将老大地位拱手相让，失去了乘胜发展的机会，应该说这是本组最大的失误。其实，本组在第一年已经开发了P2产品，也新建了一条全自动生产线，从资产负债表的期末库存分析，企业已经生产了1个P2产品，却没有投入P2的广告费，说明企业根本就没有考虑巩固市场老大的地位，这与企业第一年投巨资争取市场老大的策略完全不吻合。

（3）生产线建设速度缓慢，没有及时扩大产能，贻误了商机。从表7－39可以看出，企业在第一年取得市场老大后，在第一年的第三季度，只建设了一条全自动生产线，在第二年建设了一条半自动生产线，生产线数量少，而且比较落后，对于要巩固和发挥市场老大地位的企业来说，显得过于保守。当然，企业之所以出现这种情况，这与企业保守的筹资策略分不开的。

表 7－39　　H 组生产线与市场开发投资情况

项目＼年份		第一年	第二年	第三年	第四年	第五年	第六年
生产线	全自动	8	8				
	半自动		8		8		32

（4）没有及时利用融资规则筹集资金，贻误了产能扩大的有利时机。企业在第一年投入了巨额广告费，现金支出很多。第一年虽然取得了不错的收入，但因为是应收款，下年才能到期，导致企业现金相对比较紧张。于是，企业在生产线的建设上采取了保守的策略。其实，企业完全可以通过通过借入短期借款，出手大厂房等方式来解决资金的问题。从资产负债表上我们可以看出，该组在第一年仅仅借入了 20M 的短期借款，另外还有 80M 的借款额度没有利用，影响了产能的及时扩大。如果企业担心第二年的还款压力，还可以考虑在第一年出售大厂房，这样，资金的问题应该不存在了。企业产能扩大后，利用本地市场老大的优势，优先选单，将产品全部出售，降低库存，扩大销售，增加收入，从此企业进入一个良性发展的轨道。

（5）P3 产品的开发与生产线的建设脱节。从前面的经营表中（表 7－16　H 组经营情况表）可以分析出，企业在第三年开始开发 P3 产品，到第四年第二季度开发完成，但是，企业在第四年仅仅增加了一条半自动。如果企业用一条半自动生产线生产 P3 产品，对企业是没有利润的，开发的产品不能真正给企业带来效益。

通过该组的分析，我们应当明白，企业在取得市场老大地位后，应当各方面协调配合，尽早扩大产能，充分发挥市场老大的优势，用丰富的产品巩固市场，实现销售，从而使企业步入良性发展的轨道。

本章小结

沙盘模拟企业经营旨在通过模拟企业完整的运营过程，使参与者从思想深处构建企业一盘棋的大局观，真正理解企业经营的实质。本章从实战的角度，对案例中每个经营小组的得失从经营策略的角度进行了分析，希望能给初识沙盘者一些启示。

附录 1 市场预测表

市场预测（6 组）

这是由一家权威的市场调研机构对未来六年里各个市场的需求的预测，应该说这一预测有着很高的可信度。但根据这一预测进行企业的经营运作，其后果将由各企业自行承担。

P1 产品是目前市场上的主流技术，P2 作为对 P1 的技术改良产品，也比较容易获得大众的认同。

P3 和 P4 产品作为 P 系列产品里的高端技术，各个市场上对他们的认同度不尽相同，需求量与价格也会有较大的差异。

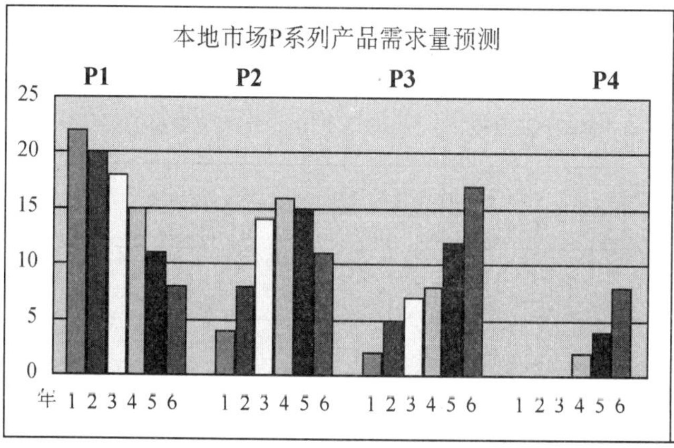

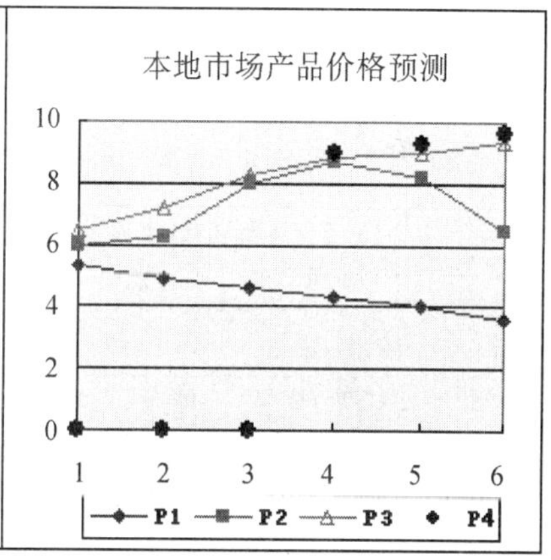

本地市场将会持续发展，客户对低端产品的需求可能会下滑。伴随着需求的减少，低端产品的价格很有可能会逐步走低。后几年，随着高端产品的成熟，市场对 P3、P4 产品的需求将会逐渐增大。同时随着时间的推移，客户的质量意识将不断提高，后几年可能会对厂商是否通过了 ISO9000 认证和 ISO14000 认证有更多的要求。

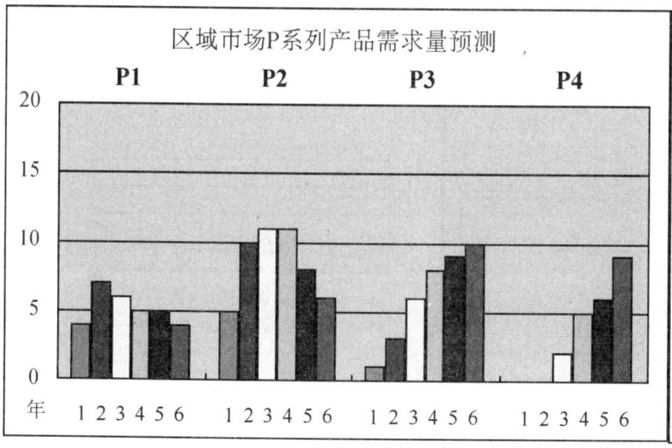

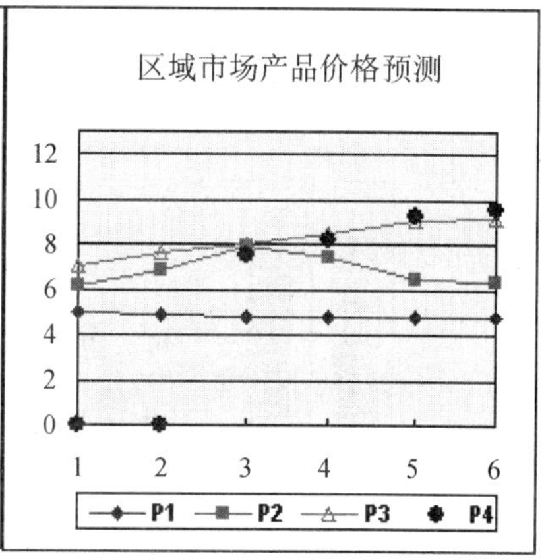

区域市场的客户对 P 系列产品的喜好相对稳定，因此市场需求量的波动也很有可能会比较平稳。因其紧邻本地市场，所以产品需求量的走势可能与本地市场相似，价格趋势也应大致一样。该市场的客户比较乐于接受新的事物，因此对于高端产品也会比较有兴趣，但由于受到地域的限制，该市场的需求总量非常有限。并且这个市场上的客户相对比较挑剔，因此在后几年客户会对厂商是否通过了 ISO9000 认证和 ISO14000 认证有较高的要求。

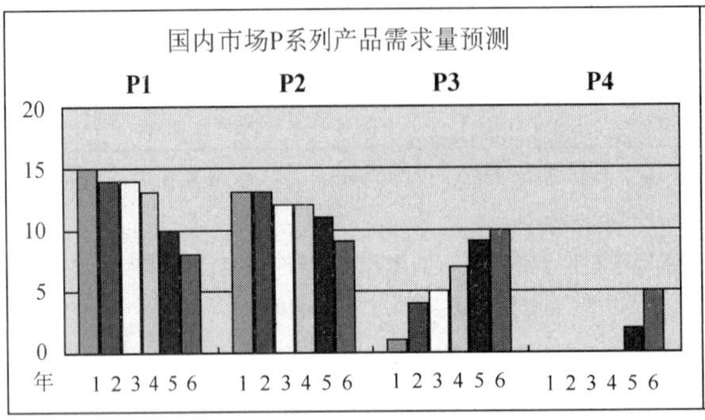

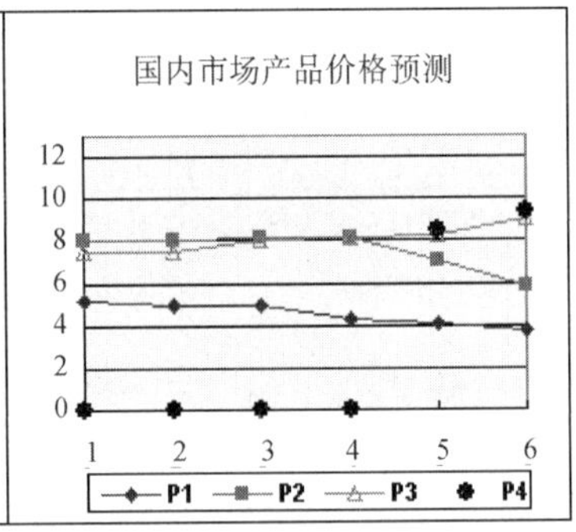

因 P1 产品带有较浓的地域色彩，估计国内市场对 P1 产品不会有持久的需求。但 P2 产品因为更适合于国内市场，所以估计需求会一直比较平稳。随着对 P 系列产品新技术的逐渐认同，估计对 P3 产品的需求会发展较快，但这个市场上的客户对 P4 产品却并不是那么认同。当然，对于高端产品来说，客户一定会更注重产品的质量保证。

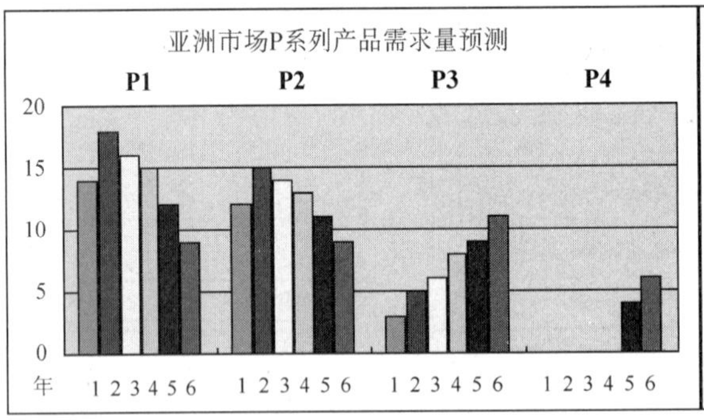

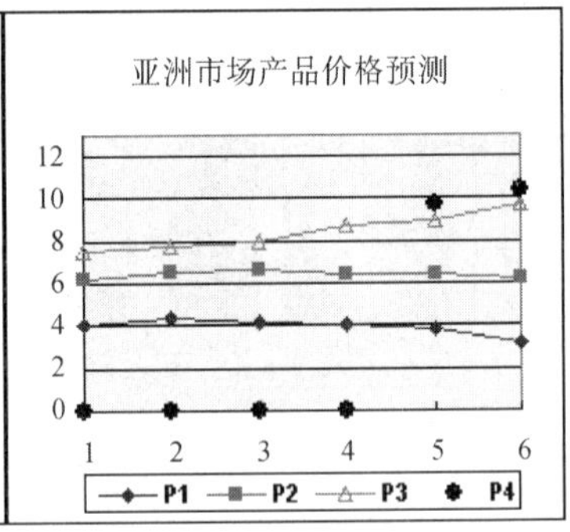

这个市场上的客户喜好一向波动较大，不易把握，所以对 P1 产品的需求可能起伏较大，估计 P2 产品的需求走势也会与 P1 相似。但该市场对新产品很敏感，因此估计对 P3、P4 产品的需求会发展较快，价格也可能不菲。另外，这个市场的消费者很看中产品的质量，所以在后几年里，如果厂商没有通过 ISO9000 和 ISO14000 的认证，其产品可能很难销售。

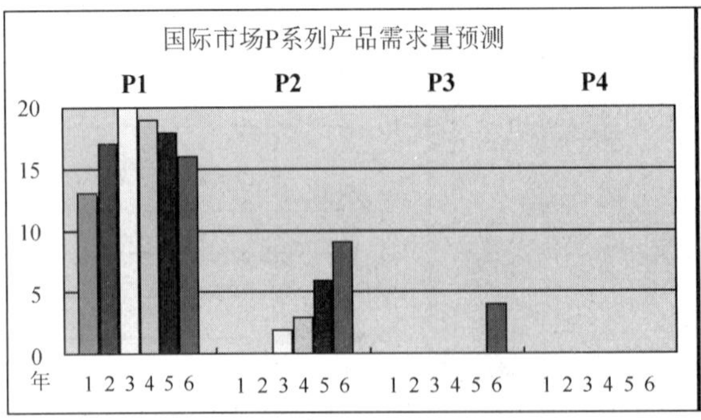

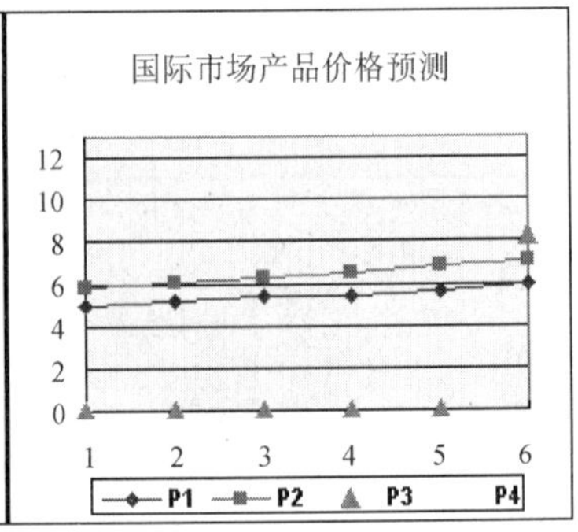

进入国际市场可能需要一个较长的时期。有迹象表明，目前这一市场上的客户对 P1 产品已经有所认同，需求也会比较旺盛。对于 P2 产品，客户将会谨慎地接受，但仍需要一段时间才能被市场所接受。对于新兴的技术，这一市场上的客户将会以观望为主，因此对于 P3 和 P4 产品的需求将会发展极慢。因为产品需求主要集中在低端，所以客户对于 ISO 的要求并不如其他几个市场那么高，但也不排除在后期会有这方面的需求。

市场预测（8 组）

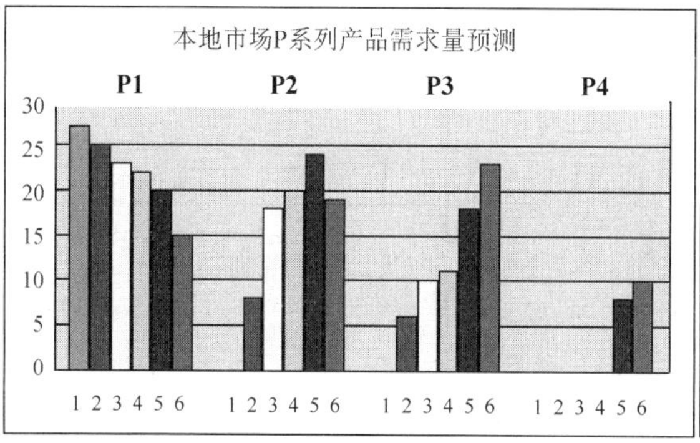

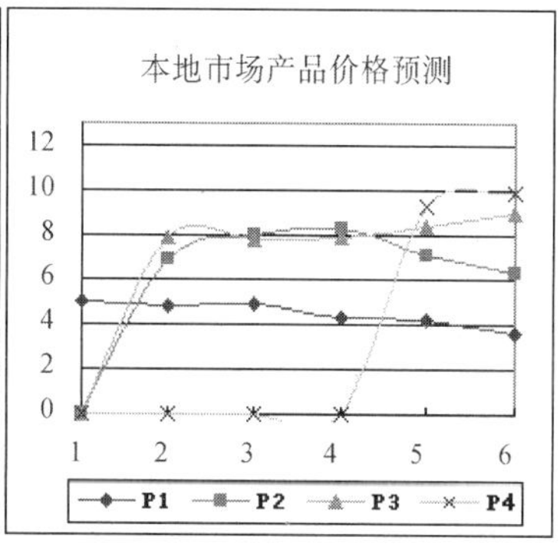

本地市场将会持续发展，对低端产品的需求可能会下滑，伴随着需求的减少，低端产品的价格很有可能走低。后几年，随着高端产品的成熟，市场对 P3、P4 产品的需求将会逐渐增大。由于客户对质量意识的不断提高，后几年可能对产品的 ISO9000 和 ISO14000 认证有更多的需求。

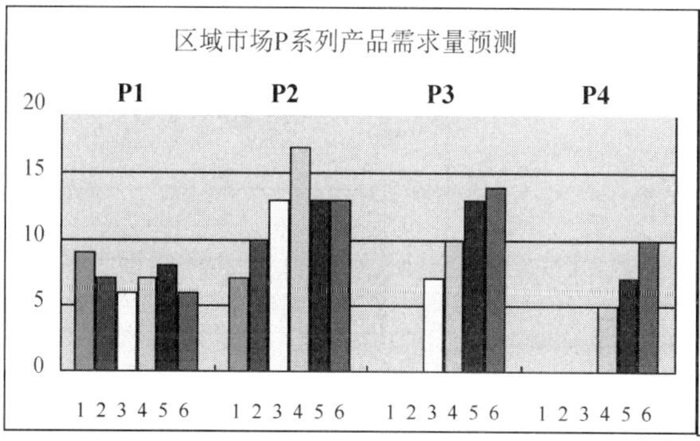

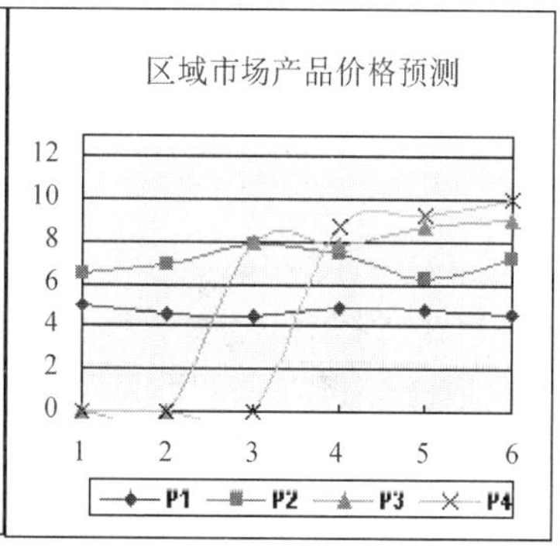

区域市场的客户相对稳定，对 P 系列产品需求的变化很有可能比较平稳。因紧邻本地市场，所以产品需求量的走势可能与本地市场相似，价格趋势也应大致一样。该市场容量有限，对高端产品的需求也可能相对较小，但客户会对产品的 ISO9000 和 ISO14000 认证有较高的要求。

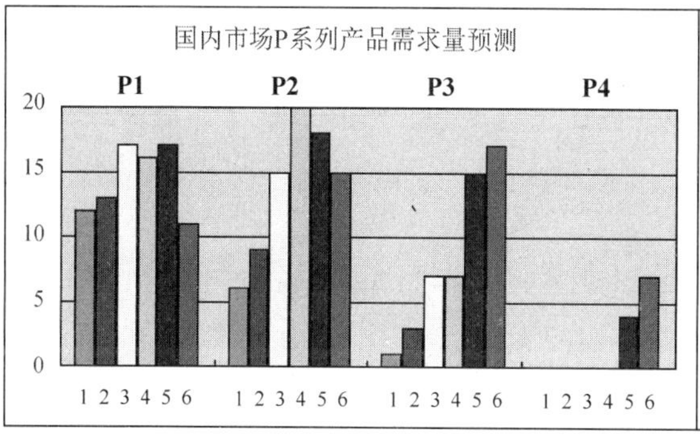

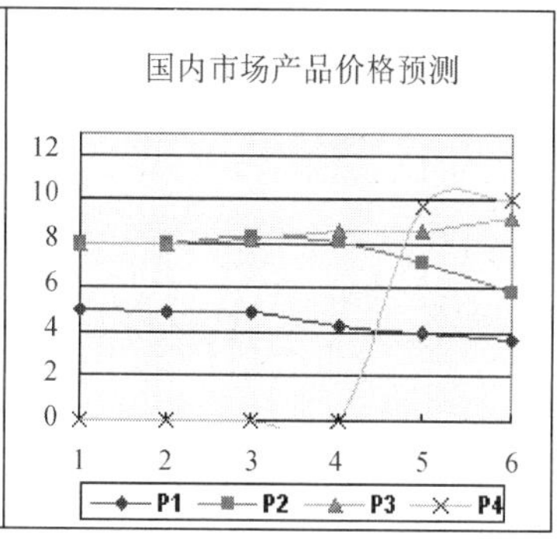

因 P1 产品带有较浓的地域色彩，估计国内市场对 P1 产品不会有持久的需求。但 P2 产品因更适合于国内市场，估计需求一直比较平稳。随着对 P 系列产品的逐渐认同，估计对 P3 产品的需求会发展较快。但对 P4 产品的的需求就不一定像 P3 产品那样旺盛了。当然，对高价值的产品来说，客户一定会更注重产品的质量认证。

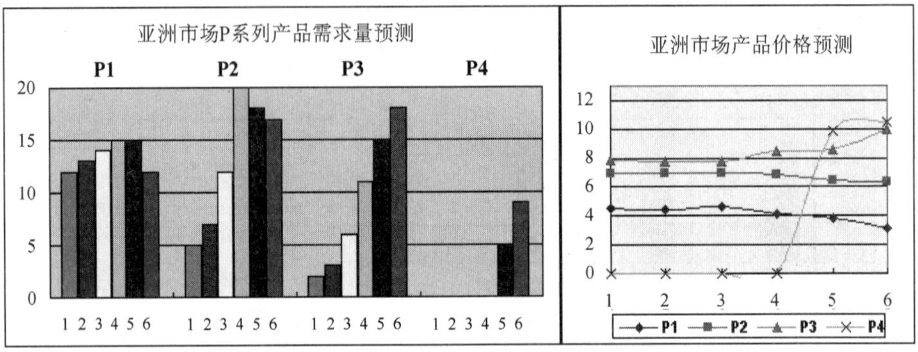

这个市场一向波动较大，所以对 P1 产品的需求可能起伏较大，估计对 P2 产品的需求走势与 P1 相似。但该市场对新产品很敏感，因此估计对 P3、P4 产品的需求量会发展较快，价格也可能不菲。另外，这个市场的消费者很看中产品的质量，所以没有 ISO9000 和 ISO14000 认证的产品可能很难销售。

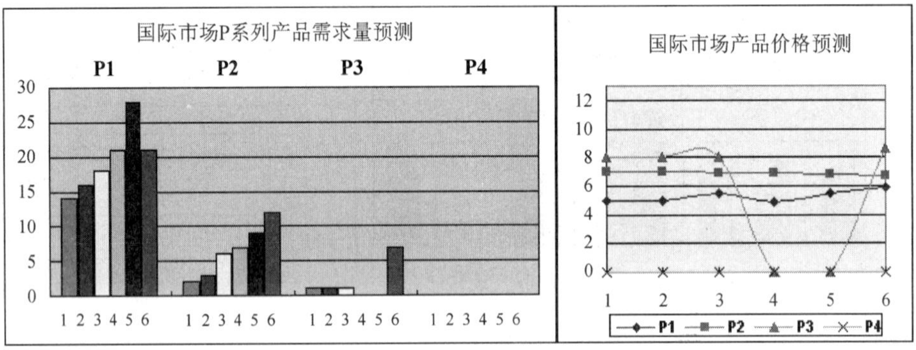

P 系列产品进入国际市场可能需要一个较长的时期。有迹象表明，对 P1 产品已经有所认同，但还需要一段时间才能被市场接受。同样，对 P2、P3 和 P4 产品也会很谨慎地接受。需求发展较慢。当然，国际市场的客户也会关注具有 ISO 认证的产品。

附录2 企业经营记录表

起 始 年

任务清单 请按顺序执行下列各项操作		第一季度				第二季度				第三季度				第四季度			
		P1/R1	P2/R2	P3/R3	P4/R4	P1/R1	P2/R2	P3/R3	P4/R4	P1/R1	P2/R2	P3/R3	P4/R4	P1/R1	P2/R2	P3/R3	P4/R4
新年度规划会议																	
支付广告费/参加订货会																	
登记销售订单																	
调整年度计划																	
支付应付税																	
季初盘点	现金余额（财务总监填写）																
	原材料库存（采购总监填写）																
	在产品（生产总监填写）																
	产成品库存（营销总监填写）																
更新短期贷款/还本付息/申请短期贷款（高利贷）	更新账期																
	付本息																
	借入																
更新应付款/归还应付款																	
原材料入库/更新原料订单	材料																
	付材料款																
下原料订单																	
更新生产/完工入库																	
投资新生产线/变卖生产线/生产线转产																	
向其他企业购买原材料/出售原材料																	
开始下一批生产	投入材料																
	产品投产																
	付加工费																
更新应收款/应收款收现																	
出售厂房																	
向其他企业购买成品/出售成品	产品																
	现金																

续表

任务清单 请按顺序执行下列各项操作		第一季度				第二季度				第三季度				第四季度			
		P1/R1	P2/R2	P3/R3	P4/R4	P1/R1	P2/R2	P3/R3	P4/R4	P1/R1	P2/R2	P3/R3	P4/R4	P1/R1	P2/R2	P3/R3	P4/R4
按订单交货	产品																
	现金																
产品研发投资																	
支付行政管理费																	
其他现金收支情况登记																	
支付利息/更新长期贷款/申请长期贷款	更新账期																
	付本息																
	借入																
支付设备维护费																	
支付租金/购买厂房														（ ）			
计提折旧																	
新市场开拓/ISO资格认证投资																	
结账																	
期末盘点	期末现金对账（请填余额）																
	原材料库存（采购总监填写）																
	在产品（生产总监填写）																
	产成品库存（营销总监填写）																

现金预算表

项目	第一季度	第二季度	第三季度	第四季度
期初库存现金				
支付上年应交税				
市场广告投入				
支付短期贷款利息				
支付到期短期贷款本金				
支付到期的应付款				
支付原料采购现金				
支付生产线投资				
支付转产费用				
支付产品加工费				
收到现金前的所有支出				
应收款到期收到现金				
支付产品研发投资				
支付管理费用				

续表

项目	第一季度	第二季度	第三季度	第四季度
支付长期贷款利息				
支付到期长期贷款				
支付设备维护费用				
支付租金				
支付购买厂房款				
支付市场开拓投资				
支付 ISO 认证投资				
其他				
现金收入合计				
现金支出合计				
现金多余或不足（-）				
向银行借款				
贴现收到现金				
期末现金余额				

要点记录：

第一季度：______

第二季度：______

第三季度：______

第四季度：______

订单登记表

订单号											合计
市场											
产品											
数量											
账期											
销售额											
成本											
毛利											
未售											

产品核算统计表

	P1	P2	P3	P4	合计
数量					
销售额					
成本					
毛利					

综合管理费用明细表

单位：百万元

项目	金额	备注
管理费		
广告费		
保养费		
租金		
转产费		
市场准入开拓		□区域 □国内 □亚洲 □国际
ISO 资格认证		□ISO9000 □ISO14000
产品研发		P2（ ） P3（ ） P4（ ）
其他		
合 计		

利 润 表

项目	上年数	本年数
销售收入		
直接成本		
毛利		
综合费用		
折旧前利润		
折旧		
支付利息前利润		
财务收入/支出		
其他收入/支出		
税前利润		
所得税		
净利润		

资产负债表

资产	期初数	期末数	负债和所有者权益	期初数	期末数
流动资产：			负债：		
现金			长期负债		
应收款			短期负债		
在产品			应付账款		
成品			应交税金		
原料			一年内到期的长期负债		
流动资产合计			负债合计		
固定资产：			所有者权益：		
土地和建筑			股东资本		
机器与设备			利润留存		
在建工程			年度净利		
固定资产合计			所有者权益合计		
资产总计			负债和所有者权益总计		

第 一 年

任务清单 请按顺序执行下列各项操作		第一季度				第二季度				第三季度				第四季度			
		P1/R1	P2/R2	P3/R3	P4/R4	P1/R1	P2/R2	P3/R3	P4/R4	P1/R1	P2/R2	P3/R3	P4/R4	P1/R1	P2/R2	P3/R3	P4/R4
新年度规划会议																	
支付广告费/参加订货会																	
登记销售订单																	
调整年度计划																	
支付应付税																	
季初盘点	现金余额（财务总监填写）																
	原材料库存（采购总监填写）																
	在产品（生产总监填写）																
	产成品库存（营销总监填写）																
更新短期贷款/还本付息/申请短期贷款（高利贷）	更新账期																
	付本息																
	借入																
更新应付款/归还应付款																	
原材料入库/更新原料订单	材料																
	付材料款																
下原料订单																	
更新生产/完工入库																	
投资新生产线/变卖生产线/生产线转产																	
向其他企业购买原材料/出售原材料																	
开始下一批生产	投入材料																
	产品投产																
	付加工费																
更新应收款/应收款收现																	
出售厂房																	
向其他企业购买成品/出售成品	产品																
	现金																
按订单交货	产品																
	现金																
产品研发投资																	
支付行政管理费																	
其他现金收支情况登记																	
支付利息/更新长期贷款/申请长期贷款	更新账期																
	付本息																
	借入																

续表

任务清单 请按顺序执行下列各项操作	第一季度				第二季度				第三季度				第四季度			
	P1/R1	P2/R2	P3/R3	P4/R4	P1/R1	P2/R2	P3/R3	P4/R4	P1/R1	P2/R2	P3/R3	P4/R4	P1/R1	P2/R2	P3/R3	P4/R4
支付设备维护费																
支付租金/购买厂房																
计提折旧													（ ）			
新市场开拓/ISO 资格认证投资																
结账																
期末盘点 期末现金对账（请填余额）																
期末盘点 原材料库存（采购总监填写）																
期末盘点 在产品（生产总监填写）																
期末盘点 产成品库存（营销总监填写）																

现金预算表

项目	第一季度	第二季度	第三季度	第四季度
期初库存现金				
支付上年应交税				
市场广告投入				
支付短期贷款利息				
支付到期短期贷款本金				
支付到期的应付款				
支付原料采购现金				
支付生产线投资				
支付转产费用				
支付产品加工费				
收到现金前的所有支出				
应收款到期收到现金				
支付产品研发投资				
支付管理费用				
支付长期贷款利息				
支付到期长期贷款				
支付设备维护费用				
支付租金				
支付购买厂房款				
支付市场开拓投资				
支付 ISO 认证投资				
其他				

续表

项目	第一季度	第二季度	第三季度	第四季度
现金收入合计				
现金支出合计				
现金多余或不足（-）				
向银行借款				
贴现收到现金				
期末现金余额				

要点记录：

第一季度：______

第二季度：______

第三季度：______

第四季度：______

订单登记表

订单号											合计
市场											
产品											
数量											
账期											
销售额											
成本											
毛利											
未售											

产品核算统计表

	P1	P2	P3	P4	合计
数量					
销售额					
成本					
毛利					

综合管理费用明细表

项目	金额	备注
管理费		
广告费		
保养费		
租 金		
转产费		

续表

项目	金额	备注
市场准入开拓		□区域　□国内　□亚洲　□国际
ISO 资格认证		□ISO9000　□ISO14000
产品研发		P2（　）　P3（　）　P4（　）
其他		
合计		

利　润　表

项目	上年数	本年数
销售收入		
直接成本		
毛利		
综合费用		
折旧前利润		
折旧		
支付利息前利润		
财务收入/支出		
其他收入/支出		
税前利润		
所得税		
净利润		

资产负债表

资产	期初数	期末数	负债和所有者权益	期初数	期末数
流动资产：			负债：		
现金			长期负债		
应收款			短期负债		
在产品			应付账款		
成品			应交税金		
原料			一年内到期的长期负债		
流动资产合计			负债合计		
固定资产：			所有者权益：		
土地和建筑			股东资本		
机器与设备			利润留存		
在建工程			年度净利		
固定资产合计			所有者权益合计		
资产总计			负债和所有者权益总计		

总结与计划

成功之处：

____

____

____

不足之处：

____

____

____

____

____

____

____

下年工作计划：

____

____

____

____

____

第 二 年

任务清单 请按顺序执行下列各项操作		第一季度				第二季度				第三季度				第四季度			
		P1/R1	P2/R2	P3/R3	P4/R4	P1/R1	P2/R2	P3/R3	P4/R4	P1/R1	P2/R2	P3/R3	P4/R4	P1/R1	P2/R2	P3/R3	P4/R4
新年度规划会议																	
支付广告费/参加订货会																	
登记销售订单																	
调整年度计划																	
支付应付税																	
季初盘点	现金余额（财务总监填写）																
	原材料库存（采购总监填写）																
	在产品（生产总监填写）																
	产成品库存（营销总监填写）																
更新短期贷款/还本付息/申请短期贷款（高利贷）	更新账期																
	付本息																
	借入																
更新应付款/归还应付款																	
原材料入库/更新原料订单	材料																
	付材料款																
下原料订单																	
更新生产/完工入库																	
投资新生产线/变卖生产线/生产线转产																	
向其他企业购买原材料/出售原材料																	
开始下一批生产	投入材料																
	产品投产																
	付加工费																
更新应收款/应收款收现																	
出售厂房																	
向其他企业购买成品/出售成品	产品																
	现金																
按订单交货	产品																
	现金																
产品研发投资																	
支付行政管理费																	
其他现金收支情况登记																	
支付利息/更新长期贷款/申请长期贷款	更新账期																
	付本息																
	借入																

续表

任务清单 请按顺序执行下列各项操作		第一季度				第二季度				第三季度				第四季度			
		P1/R1	P2/R2	P3/R3	P4/R4	P1/R1	P2/R2	P3/R3	P4/R4	P1/R1	P2/R2	P3/R3	P4/R4	P1/R1	P2/R2	P3/R3	P4/R4
支付设备维护费																	
支付租金/购买厂房																	
计提折旧														( )			
新市场开拓/ISO 资格认证投资																	
结账																	
期末盘点	期末现金对账（请填余额）																
	原材料库存（采购总监填写）																
	在产品（生产总监填写）																
	产成品库存（营销总监填写）																

现金预算表

项目	第一季度	第二季度	第三季度	第四季度
期初库存现金				
支付上年应交税				
市场广告投入				
支付短期贷款利息				
支付到期短期贷款本金				
支付到期的应付款				
支付原料采购现金				
支付生产线投资				
支付转产费用				
支付产品加工费				
收到现金前的所有支出				
应收款到期收到现金				
支付产品研发投资				
支付管理费用				
支付长期贷款利息				
支付到期长期贷款				
支付设备维护费用				
支付租金				
支付购买厂房款				
支付市场开拓投资				
支付 ISO 认证投资				
其他				

续表

项目	第一季度	第二季度	第三季度	第四季度
现金收入合计				
现金支出合计				
现金多余或不足（-）				
向银行借款				
贴现收到现金				
期末现金余额				

要点记录：

第一季度：________________

第二季度：________________

第三季度：________________

第四季度：________________

订单登记表

订单号											合计
市场											
产品											
数量											
账期											
销售额											
成本											
毛利											
未售											

产品核算统计表

	P1	P2	P3	P4	合计
数量					
销售额					
成本					
毛利					

综合管理费用明细表

项目	金额	备注
管理费		
广告费		
保养费		
租金		
转产费		

续表

项目	金额	备注
市场准入开拓		□区域 □国内 □亚洲 □国际
ISO 资格认证		□ISO9000 □ISO14000
产品研发		P2（ ） P3（ ） P4（ ）
其他		
合 计		

利 润 表

项目	上年数	本年数
销售收入		
直接成本		
毛利		
综合费用		
折旧前利润		
折旧		
支付利息前利润		
财务收入/支出		
其他收入/支出		
税前利润		
所得税		
净利润		

资产负债表

资产	期初数	期末数	负债和所有者权益	期初数	期末数
流动资产：			负 债：		
现金			长期负债		
应收款			短期负债		
在产品			应付账款		
成品			应交税金		
原料			一年内到期的长期负债		
流动资产合计			负债合计		
固定资产：			所有者权益：		
土地和建筑			股东资本		
机器与设备			利润留存		
在建工程			年度净利		
固定资产合计			所有者权益合计		
资产总计			负债和所有者权益总计		

总结与计划

成功之处：

不足之处：

下年工作计划：

第　三　年

任务清单 请按顺序执行下列各项操作		第一季度				第二季度				第三季度				第四季度			
		P1/R1	P2/R2	P3/R3	P4/R4	P1/R1	P2/R2	P3/R3	P4/R4	P1/R1	P2/R2	P3/R3	P4/R4	P1/R1	P2/R2	P3/R3	P4/R4
新年度规划会议																	
支付广告费/参加订货会																	
登记销售订单																	
调整年度计划																	
支付应付税																	
季初盘点	现金余额（财务总监填写）																
	原材料库存（采购总监填写）																
	在产品（生产总监填写）																
	产成品库存（营销总监填写）																
更新短期贷款/还本付息/申请短期贷款（高利贷）	更新账期																
	付本息																
	借入																
更新应付款/归还应付款																	
原材料入库/更新原料订单	材料																
	付材料款																
下原料订单																	
更新生产/完工入库																	
投资新生产线/变卖生产线/生产线转产																	
向其他企业购买原材料/出售原材料																	
开始下一批生产	投入材料																
	产品投产																
	付加工费																
更新应收款/应收款收现																	
出售厂房																	
向其他企业购买成品/出售成品	产品																
	现金																
按订单交货	产品																
	现金																
产品研发投资																	
支付行政管理费																	
其他现金收支情况登记																	
支付利息/更新长期贷款/申请长期贷款	更新账期																
	付本息																
	借入																

续表

任务清单 请按顺序执行下列各项操作		第一季度				第二季度				第三季度				第四季度			
		P1/R1	P2/R2	P3/R3	P4/R4	P1/R1	P2/R2	P3/R3	P4/R4	P1/R1	P2/R2	P3/R3	P4/R4	P1/R1	P2/R2	P3/R3	P4/R4
支付设备维护费																	
支付租金/购买厂房																	
计提折旧														（ ）			
新市场开拓/ISO 资格认证投资																	
结账																	
期末盘点	期末现金对账（请填余额）																
	原材料库存（采购总监填写）																
	在产品（生产总监填写）																
	产成品库存（营销总监填写）																

现金预算表

项目	第一季度	第二季度	第三季度	第四季度
期初库存现金				
支付上年应交税				
市场广告投入				
支付短期贷款利息				
支付到期短期贷款本金				
支付到期的应付款				
支付原料采购现金				
支付生产线投资				
支付转产费用				
支付产品加工费				
收到现金前的所有支出				
应收款到期收到现金				
支付产品研发投资				
支付管理费用				
支付长期贷款利息				
支付到期长期贷款				
支付设备维护费用				
支付租金				
支付购买厂房款				
支付市场开拓投资				
支付 ISO 认证投资				
其他				

续表

项目	第一季度	第二季度	第三季度	第四季度
现金收入合计				
现金支出合计				
现金多余或不足（-）				
向银行借款				
贴现收到现金				
期末现金余额				

要点记录：

第一季度：________________

第二季度：________________

第三季度：________________

第四季度：________________

订单登记表

订单号											合计
市场											
产品											
数量											
账期											
销售额											
成本											
毛利											
未售											

产品核算统计表

	P1	P2	P3	P4	合计
数量					
销售额					
成本					
毛利					

综合管理费用明细表

项目	金额	备注
管理费		
广告费		
保养费		
租金		
转产费		

续表

项目	金额	备注
市场准入开拓		□区域　□国内　□亚洲　□国际
ISO 资格认证		□ISO9000　□ISO14000
产品研发		P2（　）　P3（　）　P4（　）
其他		
合　计		

利　润　表

项目	上年数	本年数
销售收入		
直接成本		
毛利		
综合费用		
折旧前利润		
折　　旧		
支付利息前利润		
财务收入/支出		
其他收入/支出		
税前利润		
所得税		
净利润		

资产负债表

资产	期初数	期末数	负债和所有者权益	期初数	期末数
流动资产：			负债：		
现金			长期负债		
应收款			短期负债		
在产品			应付账款		
成品			应交税金		
原料			一年内到期的长期负债		
流动资产合计			负债合计		
固定资产：			所有者权益：		
土地和建筑			股东资本		
机器与设备			利润留存		
在建工程			年度净利		
固定资产合计			所有者权益合计		
资产总计			负债和所有者权益总计		

总结与计划

成功之处：

______

______

______

不足之处：

______

______

______

______

______

______

______

下年工作计划：

______

______

______

______

______

第 四 年

任务清单 请按顺序执行下列各项操作		第一季度				第二季度				第三季度				第四季度			
		P1/R1	P2/R2	P3/R3	P4/R4	P1/R1	P2/R2	P3/R3	P4/R4	P1/R1	P2/R2	P3/R3	P4/R4	P1/R1	P2/R2	P3/R3	P4/R4
新年度规划会议																	
支付广告费/参加订货会																	
登记销售订单																	
调整年度计划																	
支付应付税																	
季初盘点	现金余额（财务总监填写）																
	原材料库存（采购总监填写）																
	在产品（生产总监填写）																
	产成品库存（营销总监填写）																
更新短期贷款/还本付息/申请短期贷款（高利贷）	更新账期																
	付本息																
	借入																
更新应付款/归还应付款																	
原材料入库/更新原料订单	材料																
	付材料款																
下原料订单																	
更新生产/完工入库																	
投资新生产线/变卖生产线/生产线转产																	
向其他企业购买原材料/出售原材料																	
开始下一批生产	投入材料																
	产品投产																
	付加工费																
更新应收款/应收款收现																	
出售厂房																	
向其他企业购买成品/出售成品	产品																
	现金																
按订单交货	产品																
	现金																
产品研发投资																	
支付行政管理费																	
其他现金收支情况登记																	
支付利息/更新长期贷款/申请长期贷款	更新账期																
	付本息																
	借入																

续表

任务清单 请按顺序执行下列各项操作	第一季度				第二季度				第三季度				第四季度			
	P1/R1	P2/R2	P3/R3	P4/R4	P1/R1	P2/R2	P3/R3	P4/R4	P1/R1	P2/R2	P3/R3	P4/R4	P1/R1	P2/R2	P3/R3	P4/R4
支付设备维护费																
支付租金/购买厂房																
计提折旧													（ ）			
新市场开拓/ISO资格认证投资																
结账																
期末盘点：期末现金对账（请填余额）																
期末盘点：原材料库存（采购总监填写）																
期末盘点：在产品（生产总监填写）																
期末盘点：产成品库存（营销总监填写）																

现金预算表

项目	第一季度	第二季度	第三季度	第四季度
期初库存现金				
支付上年应交税				
市场广告投入				
支付短期贷款利息				
支付到期短期贷款本金				
支付到期的应付款				
支付原料采购现金				
支付生产线投资				
支付转产费用				
支付产品加工费				
收到现金前的所有支出				
应收款到期收到现金				
支付产品研发投资				
支付管理费用				
支付长期贷款利息				
支付到期长期贷款				
支付设备维护费用				
支付租金				
支付购买厂房款				
支付市场开拓投资				
支付ISO认证投资				
其他				

续表

项目	第一季度	第二季度	第三季度	第四季度
现金收入合计				
现金支出合计				
现金多余或不足（-）				
向银行借款				
贴现收到现金				
期末现金余额				

要点记录：

第一季度：______

第二季度：______

第三季度：______

第四季度：______

订单登记表

订单号											合计
市场											
产品											
数量											
账期											
销售额											
成本											
毛利											
未售											

产品核算统计表

	P1	P2	P3	P4	合计
数量					
销售额					
成本					
毛利					

综合管理费用明细表

项目	金额	备注
管理费		
广告费		
保养费		
租金		
转产费		

续表

项目	金额	备注
市场准入开拓		□区域 □国内 □亚洲 □国际
ISO 资格认证		□ISO9000 □ISO14000
产品研发		P2（ ） P3（ ） P4（ ）
其　他		
合　计		

利　润　表

项目	上年数	本年数
销售收入		
直接成本		
毛利		
综合费用		
折旧前利润		
折旧		
支付利息前利润		
财务收入/支出		
其他收入/支出		
税前利润		
所得税		
净利润		

资产负债表

资产	期初数	期末数	负债和所有者权益	期初数	期末数
流动资产：			负债：		
现金			长期负债		
应收款			短期负债		
在产品			应付账款		
成品			应交税金		
原料			一年内到期的长期负债		
流动资产合计			负债合计		
固定资产：			所有者权益：		
土地和建筑			股东资本		
机器与设备			利润留存		
在建工程			年度净利		
固定资产合计			所有者权益合计		
资产总计			负债和所有者权益总计		

总结与计划

成功之处：

不足之处：

下年工作计划：

第 五 年

任务清单 请按顺序执行下列各项操作		第一季度				第二季度				第三季度				第四季度			
		P1/R1	P2/R2	P3/R3	P4/R4	P1/R1	P2/R2	P3/R3	P4/R4	P1/R1	P2/R2	P3/R3	P4/R4	P1/R1	P2/R2	P3/R3	P4/R4
新年度规划会议																	
支付广告费/参加订货会																	
登记销售订单																	
调整年度计划																	
支付应付税																	
季初盘点	现金余额（财务总监填写）																
	原材料库存（采购总监填写）																
	在产品（生产总监填写）																
	产成品库存（营销总监填写）																
更新短期贷款/还本付息/申请短期贷款（高利贷）	更新账期																
	付本息																
	借入																
更新应付款/归还应付款																	
原材料入库/更新原料订单	材料																
	付材料款																
下原料订单																	
更新生产/完工入库																	
投资新生产线/变卖生产线/生产线转产																	
向其他企业购买原材料/出售原材料																	
开始下一批生产	投入材料																
	产品投产																
	付加工费																
更新应收款/应收款收现																	
出售厂房																	
向其他企业购买成品/出售成品	产品																
	现金																
按订单交货	产品																
	现金																
产品研发投资																	
支付行政管理费																	
其他现金收支情况登记																	
支付利息/更新长期贷款/申请长期贷款	更新账期																
	付本息																
	借入																

续表

任务清单 请按顺序执行下列各项操作		第一季度				第二季度				第三季度				第四季度			
		P1/R1	P2/R2	P3/R3	P4/R4	P1/R1	P2/R2	P3/R3	P4/R4	P1/R1	P2/R2	P3/R3	P4/R4	P1/R1	P2/R2	P3/R3	P4/R4
支付设备维护费																	
支付租金/购买厂房																	
计提折旧														( )			
新市场开拓/ISO 资格认证投资																	
结账																	
期末盘点	期末现金对账（请填余额）																
	原材料库存（采购总监填写）																
	在产品（生产总监填写）																
	产成品库存（营销总监填写）																

现金预算表

项目	第一季度	第二季度	第三季度	第四季度
期初库存现金				
支付上年应交税				
市场广告投入				
支付短期贷款利息				
支付到期短期贷款本金				
支付到期的应付款				
支付原料采购现金				
支付生产线投资				
支付转产费用				
支付产品加工费				
收到现金前的所有支出				
应收款到期收到现金				
支付产品研发投资				
支付管理费用				
支付长期贷款利息				
支付到期长期贷款				
支付设备维护费用				
支付租金				
支付购买厂房款				
支付市场开拓投资				
支付 ISO 认证投资				
其他				

续表

项目	第一季度	第二季度	第三季度	第四季度
现金收入合计				
现金支出合计				
现金多余或不足（－）				
向银行借款				
贴现收到现金				
期末现金余额				

要点记录：

第一季度：________________

第二季度：________________

第三季度：________________

第四季度：________________

订单登记表

订单号											合计
市场											
产品											
数量											
账期											
销售额											
成本											
毛利											
未售											

产品核算统计表

	P1	P2	P3	P4	合计
数量					
销售额					
成本					
毛利					

综合管理费用明细表

项目	金额	备注
管理费		
广告费		
保养费		
租　金		
转产费		

续表

项目	金额	备注
市场准入开拓		□区域 □国内 □亚洲 □国际
ISO 资格认证		□ISO9000 □ISO14000
产品研发		P2（ ） P3（ ） P4（ ）
其他		
合计		

利 润 表

项目	上 年 数	本 年 数
销售收入		
直接成本		
毛利		
综合费用		
折旧前利润		
折旧		
支付利息前利润		
财务收入/支出		
其他收入/支出		
税前利润		
所得税		
净利润		

资产负债表

资产	期初数	期末数	负债和所有者权益	期初数	期末数
流动资产：			负债：		
现金			长期负债		
应收款			短期负债		
在产品			应付账款		
成品			应交税金		
原料			一年内到期的长期负债		
流动资产合计			负债合计		
固定资产：			所有者权益：		
土地和建筑			股东资本		
机器与设备			利润留存		
在建工程			年度净利		
固定资产合计			所有者权益合计		
资产总计			负债和所有者权益总计		

总结与计划

成功之处：

不足之处：

下年工作计划：

第 六 年

任务清单 请按顺序执行下列各项操作		第一季度				第二季度				第三季度				第四季度			
		P1/R1	P2/R2	P3/R3	P4/R4	P1/R1	P2/R2	P3/R3	P4/R4	P1/R1	P2/R2	P3/R3	P4/R4	P1/R1	P2/R2	P3/R3	P4/R4
新年度规划会议																	
支付广告费/参加订货会																	
登记销售订单																	
调整年度计划																	
支付应付税																	
季初盘点	现金余额（财务总监填写）																
	原材料库存（采购总监填写）																
	在产品（生产总监填写）																
	产成品库存（营销总监填写）																
更新短期贷款/还本付息/申请短期贷款（高利贷）	更新账期																
	付本息																
	借入																
更新应付款/归还应付款																	
原材料入库/更新原料订单	材料																
	付材料款																
下原料订单																	
更新生产/完工入库																	
投资新生产线/变卖生产线/生产线转产																	
向其他企业购买原材料/出售原材料																	
开始下一批生产	投入材料																
	产品投产																
	付加工费																
更新应收款/应收款收现																	
出售厂房																	
向其他企业购买成品/出售成品	产品																
	现金																
按订单交货	产品																
	现金																
产品研发投资																	
支付行政管理费																	
其他现金收支情况登记																	
支付利息/更新长期贷款/申请长期贷款	更新账期																
	付本息																
	借入																

续表

任务清单 请按顺序执行下列各项操作		第一季度				第二季度				第三季度				第四季度			
		P1/R1	P2/R2	P3/R3	P4/R4	P1/R1	P2/R2	P3/R3	P4/R4	P1/R1	P2/R2	P3/R3	P4/R4	P1/R1	P2/R2	P3/R3	P4/R4
支付设备维护费																	
支付租金/购买厂房																	
计提折旧														（　）			
新市场开拓/ISO资格认证投资																	
结账																	
期末盘点	期末现金对账（请填余额）																
	原材料库存（采购总监填写）																
	在产品（生产总监填写）																
	产成品库存（营销总监填写）																

现金预算表

项目	第一季度	第二季度	第三季度	第四季度
期初库存现金				
支付上年应交税				
市场广告投入				
支付短期贷款利息				
支付到期短期贷款本金				
支付到期的应付款				
支付原料采购现金				
支付生产线投资				
支付转产费用				
支付产品加工费				
收到现金前的所有支出				
应收款到期收到现金				
支付产品研发投资				
支付管理费用				
支付长期贷款利息				
支付到期长期贷款				
支付设备维护费用				
支付租金				
支付购买厂房款				
支付市场开拓投资				
支付ISO认证投资				
其他				

续表

项目	第一季度	第二季度	第三季度	第四季度
现金收入合计				
现金支出合计				
现金多余或不足（-）				
向银行借款				
贴现收到现金				
期末现金余额				

要点记录：
第一季度：______
第二季度：______
第三季度：______
第四季度：______

订单登记表

订单号											合计
市场											
产品											
数量											
账期											
销售额											
成本											
毛利											
未售											

产品核算统计表

	P1	P2	P3	P4	合计
数量					
销售额					
成本					
毛利					

综合管理费用明细表

项目	金额	备注
管理费		
广告费		
保养费		
租金		
转产费		

续表

项目	金额	备注
市场准入开拓		□区域 □国内 □亚洲 □国际
ISO 资格认证		□ISO9000 □ISO14000
产品研发		P2（ ） P3（ ） P4（ ）
其 他		
合 计		

利 润 表

项目	上 年 数	本 年 数
销售收入		
直接成本		
毛利		
综合费用		
折旧前利润		
折旧		
支付利息前利润		
财务收入/支出		
其他收入/支出		
税前利润		
所得税		
净利润		

资产负债表

资产	期初数	期末数	负债和所有者权益	期初数	期末数
流动资产：			负债：		
现金			长期负债		
应收款			短期负债		
在产品			应付账款		
成品			应交税金		
原料			一年内到期的长期负债		
流动资产合计			负债合计		
固定资产：			所有者权益：		
土地和建筑			股东资本		
机器与设备			利润留存		
在建工程			年度净利		
固定资产合计			所有者权益合计		
资产总计			负债和所有者权益总计		

总结与计划

成功之处：

不足之处：

下年工作计划：

附录 3 产品生产及材料需求计划表

产品生产及材料需求计划表（第 1 ~ 3 年）

生产线		第一年				第二年				第三年			
		一季度	二季度	三季度	四季度	一季度	二季度	三季度	四季度	一季度	二季度	三季度	四季度
1	产品												
	材料												
2	产品												
	材料												
3	产品												
	材料												
4	产品												
	材料												
5	产品												
	材料												
6	产品												
	材料												

续表

生产线			第一年				第二年				第三年			
			一季度	二季度	三季度	四季度	一季度	二季度	三季度	四季度	一季度	二季度	三季度	四季度
7	产品													
	材料													
8	产品													
	材料													
合计	完工产品	P1												
		P2												
		P3												
		P4												
	投入材料	R1												
		R2												
		R3												
		R4												

产品生产及材料需求计划（第 4 ~ 6 年）

生产线		第四年				第五年				第六年			
		一季度	二季度	三季度	四季度	一季度	二季度	三季度	四季度	一季度	二季度	三季度	四季度
1	产品												
	材料												
2	产品												
	材料												
3	产品												
	材料												

续表

生产线			第四年				第五年				第六年			
			一季度	二季度	三季度	四季度	一季度	二季度	三季度	四季度	一季度	二季度	三季度	四季度
4	产品													
	材料													
5	产品													
	材料													
6	产品													
	材料													
7	产品													
	材料													
8	产品													
	材料													
9	产品													
	材料													
合计	完工产品	P1												
		P2												
		P3												
		P4												
	投入材料	R1												
		R2												
		R3												
		R4												

附录 4　开工计划表

开工计划表

产品	第一年					第二年					第三年			
	一季度	二季度	三季度	四季度		一季度	二季度	三季度	四季度		一季度	二季度	三季度	四季度
P1														
P2														
P3														
P4														
加工费														

产品	第四年					第五年					第六年			
	一季度	二季度	三季度	四季度		一季度	二季度	三季度	四季度		一季度	二季度	三季度	四季度
P1														
P2														
P3														
P4														
加工费														

附录 5　材料订购及付款计划表

材料订购及付款计划表

材料	第一年									第二年									第三年							
	一季度		二季度		三季度		四季度			一季度		二季度		三季度		四季度			一季度		二季度		三季度		四季度	
	订购	入库	订购	入库	订购	入库	订购	入库		订购	入库	订购	入库	订购	入库	订购	入库		订购	入库	订购	入库	订购	入库	订购	入库
R1																										
R2																										
R3																										
R4																										
支付材料款	—		—		—	—		—		—		—		—		—			—		—		—		—	

材料	第四年									第五年									第六年							
	一季度		二季度		三季度		四季度			一季度		二季度		三季度		四季度			一季度		二季度		三季度		四季度	
	订购	入库	订购	入库	订购	入库	订购	入库		订购	入库	订购	入库	订购	入库	订购	入库		订购	入库	订购	入库	订购	入库	订购	入库
R1																										
R2																										
R3																										
R4																										
支付材料款	—		—		—	—		—		—		—		—		—			—		—		—		—	

附录 6　贷款申请表

公司贷款申请表

贷款类		1 年				2 年				3 年				4 年				5 年				6 年			
		1	2	3	4	1	2	3	4	1	2	3	4	1	2	3	4	1	2	3	4	1	2	3	4
短贷	借																								
	还																								
	利息																								
民间贷款	借																								
	还																								
	利息																								
短贷余额																									
长贷	借																								
	还																								
	利息																								
长贷余额																									
上年所有者权益																									

附录 7　应收账款登记表

应收账款登记表

<table>
<tr><th colspan="2" rowspan="2">款类</th><th colspan="4">一年</th><th colspan="4">二年</th><th colspan="4">三年</th></tr>
<tr><th>1</th><th>2</th><th>3</th><th>4</th><th>1</th><th>2</th><th>3</th><th>4</th><th>1</th><th>2</th><th>3</th><th>4</th></tr>
<tr><td rowspan="4">应收期</td><td>1</td><td></td><td></td><td></td><td></td><td></td><td></td><td></td><td></td><td></td><td></td><td></td><td></td></tr>
<tr><td>2</td><td></td><td></td><td></td><td></td><td></td><td></td><td></td><td></td><td></td><td></td><td></td><td></td></tr>
<tr><td>3</td><td></td><td></td><td></td><td></td><td></td><td></td><td></td><td></td><td></td><td></td><td></td><td></td></tr>
<tr><td>4</td><td></td><td></td><td></td><td></td><td></td><td></td><td></td><td></td><td></td><td></td><td></td><td></td></tr>
<tr><td colspan="2">到款</td><td></td><td></td><td></td><td></td><td></td><td></td><td></td><td></td><td></td><td></td><td></td><td></td></tr>
<tr><td colspan="2">贴现</td><td></td><td></td><td></td><td></td><td></td><td></td><td></td><td></td><td></td><td></td><td></td><td></td></tr>
<tr><td colspan="2">贴现费</td><td></td><td></td><td></td><td></td><td></td><td></td><td></td><td></td><td></td><td></td><td></td><td></td></tr>
<tr><th colspan="2" rowspan="2">款类</th><th colspan="4">四年</th><th colspan="4">五年</th><th colspan="4">六年</th></tr>
<tr><th>1</th><th>2</th><th>3</th><th>4</th><th>1</th><th>2</th><th>3</th><th>4</th><th>1</th><th>2</th><th>3</th><th>4</th></tr>
<tr><td rowspan="4">应收期</td><td>1</td><td></td><td></td><td></td><td></td><td></td><td></td><td></td><td></td><td></td><td></td><td></td><td></td></tr>
<tr><td>2</td><td></td><td></td><td></td><td></td><td></td><td></td><td></td><td></td><td></td><td></td><td></td><td></td></tr>
<tr><td>3</td><td></td><td></td><td></td><td></td><td></td><td></td><td></td><td></td><td></td><td></td><td></td><td></td></tr>
<tr><td>4</td><td></td><td></td><td></td><td></td><td></td><td></td><td></td><td></td><td></td><td></td><td></td><td></td></tr>
<tr><td colspan="2">到款</td><td></td><td></td><td></td><td></td><td></td><td></td><td></td><td></td><td></td><td></td><td></td><td></td></tr>
<tr><td colspan="2">贴现</td><td></td><td></td><td></td><td></td><td></td><td></td><td></td><td></td><td></td><td></td><td></td><td></td></tr>
<tr><td colspan="2">贴现费</td><td></td><td></td><td></td><td></td><td></td><td></td><td></td><td></td><td></td><td></td><td></td><td></td></tr>
</table>

附录 8　材料采购登记表

公司材料采购登记表

第 1 年	1 季				2 季				3 季				4 季			
原材料	R1	R2	R3	R4	R1	R2	R3	R4	R1	R2	R3	R4	R1	R2	R3	R4
订购数量																
采购入库																
第 2 年	1 季				2 季				3 季				4 季			
原材料	R1	R2	R3	R4	R1	R2	R3	R4	R1	R2	R3	R4	R1	R2	R3	R4
订购数量																
采购入库																
第 3 年	1 季				2 季				3 季				4 季			
原材料	R1	R2	R3	R4	R1	R2	R3	R4	R1	R2	R3	R4	R1	R2	R3	R4
订购数量																
采购入库																
第 4 年	1 季				2 季				3 季				4 季			
原材料	R1	R2	R3	R4	R1	R2	R3	R4	R1	R2	R3	R4	R1	R2	R3	R4
订购数量																
采购入库																
第 5 年	1 季				2 季				3 季				4 季			
原材料	R1	R2	R3	R4	R1	R2	R3	R4	R1	R2	R3	R4	R1	R2	R3	R4
订购数量																
采购入库																
第 6 年	1 季				2 季				3 季				4 季			
原材料	R1	R2	R3	R4	R1	R2	R3	R4	R1	R2	R3	R4	R1	R2	R3	R4
订购数量																
采购入库																

附录 9　广告费用登记表

广告费用登记表

第 1 年本地				第 2 年本地				第 3 年本地				第 4 年本地				第 5 年本地				第 6 年本地			
产品	广告	9K	14K	产品	广告	9K	14K	产品	广告	9K	14K	产品	广告	9K	14K	产品	广告	9K	14K	产品	广告	9K	14K
P1				P1				P1				P1				P1				P1			
P2				P2				P2				P2				P2				P2			
P3				P3				P3				P3				P3				P3			
P4				P4				P4				P4				P4				P4			
第 1 年区域				第 2 年区域				第 3 年区域				第 4 年区域				第 5 年区域				第 6 年区域			
产品	广告	9K	14K	产品	广告	9K	14K	产品	广告	9K	14K	产品	广告	9K	14K	产品	广告	9K	14K	产品	广告	9K	14K
P1				P1				P1				P1				P1				P1			
P2				P2				P2				P2				P2				P2			
P3				P3				P3				P3				P3				P3			
P4				P4				P4				P4				P4				P4			
第 1 年国内				第 2 年国内				第 3 年国内				第 4 年国内				第 5 年国内				第 6 年国内			
产品	广告	9K	14K	产品	广告	9K	14K	产品	广告	9K	14K	产品	广告	9K	14K	产品	广告	9K	14K	产品	广告	9K	14K
P1				P1				P1				P1				P1				P1			
P2				P2				P2				P2				P2				P2			
P3				P3				P3				P3				P3				P3			
P4				P4				P4				P4				P4				P4			
第 1 年亚洲				第 2 年亚洲				第 3 年亚洲				第 4 年亚洲				第 5 年亚洲				第 6 年亚洲			
产品	广告	9K	14K	产品	广告	9K	14K	产品	广告	9K	14K	产品	广告	9K	14K	产品	广告	9K	14K	产品	广告	9K	14K
P1				P1				P1				P1				P1				P1			
P2				P2				P2				P2				P2				P2			
P3				P3				P3				P3				P3				P3			
P4				P4				P4				P4				P4				P4			
第 1 年国际				第 2 年国际				第 3 年国际				第 4 年国际				第 5 年国际				第 6 年国际			
产品	广告	9K	14K	产品	广告	9K	14K	产品	广告	9K	14K	产品	广告	9K	14K	产品	广告	9K	14K	产品	广告	9K	14K
P1				P1				P1				P1				P1				P1			
P2				P2				P2				P2				P2				P2			
P3				P3				P3				P3				P3				P3			
P4				P4				P4				P4				P4				P4			